세상에 대하여 우리가
더 잘 알아야 할 교양
10

| 지은이 | 감수자 | 옮긴이 소개 |

지은이 케이 스티어만(Kaye Stearman)

케이 스티어만은 무기거래 반대 단체인 CAAT(Campaign Against Arms Trade)의 언론 담당자로 활동하며 무기 생산국의 무장 해제를 위해 노력하는 동시에 어린이와 청소년을 위한 다수의 책을 저술했습니다. 저서로는 《노숙자》('Talk About' 시리즈), 《안락사》 《군사 개입》('Ethcal Debates' 시리즈) 등이 있습니다.

감수자 황상민

서울대학교 심리학과를 졸업하고 하버드대학교에서 심리학 석사 및 박사학위를 취득했습니다. 이후 하버드대학교 사이언스센터와 캘리포니아대학교에서 연구 활동을 했으며, 현재 연세대학교 심리학 교수로 재직 중입니다. 또한 한국 사회의 정체성과 마케팅 소비 심리 및 트렌드 분석, 성인 및 청소년의 심리 상담과 코칭을 하는 연구 법인 위즈덤센터와 함께 연구를 수행하고 있습니다. 저서로는 《한국인의 심리코드》 《부모심리 아이심리》 《짝, 사랑》 《디지털 괴짜가 미래 소비를 결정한다》 《대한민국 사람이 진짜 원하는 대통령》 《사이버공간에 또 다른 내가 있다》 《너 지금 컴퓨터로 뭐하니(공저)》 등이 있습니다.

옮긴이 김아림

서울대학교 생물교육과를 졸업했으며 동대학원 과학사 및 과학철학 협동과정을 수료했습니다. 과학, 수학에 관련한 인문서 등에 관심이 많으며, 출판사 편집자로 일하기도 했습니다. 현재 엔터스코리아에서 출판기획 및 전문 번역가로 활동하고 있습니다. 역서로는 《자연변이(출간 예정)》 《리얼 다이노소어(월드 베스트 공룡 가이드)》 《공룡의 발견(출간 예정)》 《트라첸버그의 스피드 수학(출간 예정)》 《놀이 수학(출간 예정)》 《CK시리즈: 과학》 《기록보유자 공룡들(출간 예정)》 등 다수가 있습니다.

세상에 대하여 우리가 더 잘 알아야 할 교양

케이 스티어만 글 | 김아림 옮김 | 황상민 감수

10

성형 수술
외모지상주의의 끝은?

내인생의책

차례

감수자의 말 - 6

들어가며: 생활 속 미용 성형 - 8

1. 미용 성형이란 무엇일까요? - 13

2. 미용 성형은 안전할까요? - 27

3. 왜 타고난 외모를 바꾸려고 할까요? - 41

4. 외모가 나아지면 행복해질까요? - 57

5. 미용 성형이 잘 팔리는 세상 - 71

6. 미용이라는 거대한 산업 - 85

7. 사회와 미용 성형 - 99

용어 설명 - 108

연표 - 110

더 알아보기 - 112

찾아보기 - 114

※ **굵은 글씨**로 표시된 단어는 108쪽 용어 설명에서 찾아보세요.

| 감수자의 말 |

 "예뻐지면 내가 더 나은 사람이 된 것 같아요. 사람들의 시선이 달라진다는 것을 느껴요. 거울을 볼 때마다 얼마나 뿌듯한지 몰라요."
 "대학 입학 기념으로 쌍꺼풀 수술을 할 거예요. 고등학교 졸업하는 마지막 겨울방학에는 너도나도 성형 수술을 하는 분위기거든요. 나만 하지 않으면 손해 보는 것 같고요. 딱히 고치고 싶은 곳은 없어도 남들이 다 하니까 하고 싶어져요. 눈에서 코로 가기는 힘든데, 막상 코를 건드리고 나면 쉽대요."
 미용 성형을 막연히 생각하는 청소년과 젊은 여성들의 말이다. 마치 성형으로 예뻐진다면 바로 인생의 문제가 해결될 것 같은 마음이다. 물론, 여기에는 젊은 남성도 동참한단다. 이런 상황에서 미용 성형에 대해 부정적인 이야기를 하는 것조차 조심스럽다.
 인간은 누구나 '괜찮은 사람'으로 보이고 싶어 한다. 이는 보편적인 감정이므로 남의 시선을 의식하는 한국인의 심리코드를 굳이 언급하지 않아도 될 것이다.
 특히 청소년들에게 미용 성형은 남다른 의미가 있다. 자신보다 공부를 못하는 친구가 예쁘거나 잘생겼다는 이유로 인기가 더 많다면 어떤 기분이 들겠는가? 그렇기에 부모들은 단지 공부만 해야 한다고 믿는 시기지만, 우수한 성적을 내고 좋은 대학에 가야 한다는 목표에 못지않게 예뻐지는 것은 중요한 목표가 된다. 예뻐지면 모든 문제가 해결될 것이라 믿는 사람들에게 성형 수술은 바로 인생의 목표를 달성하는 지름길처럼 보인다. 다른 사람으로부터 인정을 받지 못한 마음의 응어리를 가진 청소년일수록 이런 마음은 더욱 간절하다. 열심히 돈을 모아서 언젠가는 훌륭한 외모를 갖겠다고 결심한다. 하지만 성장하는 시기에 받는 성형 수술이 초래할 수 있는 위험성에 대해 인지하고 있는 청소년은 많지 않다. 의학적인 위험뿐만 아니라, 최소 5년 이상이나 계속 신체가 바뀌는 상황에 있기 때문에 성인이 수술을 받을 때보다 부작용이 심할 우려가 있다고 한다.

얼굴이나 몸을 바꾸고 싶다면, 최소한 성장이 완전히 멈추고 난 뒤인 25세 이후에 다시 고민해 보는 것이 어떨까? 더 아름다워지고자 하는 인간의 욕망을 무조건 억제하라고 이야기할 수는 없다. 10년 전까지만 하더라도 미용 성형은 금기시되고 누구나 쉬쉬하는 이야깃거리였지만, 지금은 마치 자기 관리의 한 방편처럼 받아들여지고 있지 않은가. 사회 통념의 변화 또한 어느 정도 받아들여야 한다.

이 글을 쓰는 나도 미용 성형에 관심이 갈 때도 있다. 하지만, 나는 분명 내 모습 그대로 살고 싶다. 그것이 가장 행복하게 잘 사는 길이라 믿기 때문이다. 특별히 더 멋지게 보이려고 꾸미고 싶지도 않다. 별 기대할 변화가 없을 것이기 때문이다. 다른 사람의 시선도 중요하겠지만, 내가 믿고 싶은 나의 삶을 살고 싶다. 청소년들이 누리지 못하는 나이든 사람만이 즐길 수 있는 삶의 수확이다.

연세대 심리학과 황상민 교수

들어가며: 생활 속 미용 성형

텔레비전이나 신문에서 **미용 성형**에 관한 이야기를 접한 적이 있나요? 미용 성형은 오늘날 매우 흔하면서도, 한편으로는 치열한 논쟁을 불러일으키는 주제가 되었습니다. 실제 사례를 통해 미용 성형에 대하여 알아봅시다.

'빔보'와 미용 성형

빔보는 실재 인물이 아닌 가상의 존재로, 온라인 게임 속 캐릭터입니다. 빔보가 나오는 게임은 소년이나 어른들을 대상으로 하는 총, 격투, 자동차 경주 같은 게임과 달리 소녀들을 대상으로 하며, 빔보를 아름답게 꾸며 유명인으로 만드는 것이 목표입니다.

이 게임을 시작하면 가장 먼저 벌거벗은 상태인 가상의 캐릭터를 돌보게 됩니다. 게임을 하는 사람은 자신의 캐릭터를 '세상에서 가장 매력적이고 멋지고 유명한 여성'으로 키우기 위해 다른 빔보들과 경쟁해야 하지요. 자기 캐릭터에게 멋진 의상을 입히고, 옷가게와 클럽에 데려가서 최대한 매력적으로 만들어야 해요. 이 과정에서 가상 병원에 방문해 가슴 성형이나 주름 제거 수술(안면거상술)도 해 주어야 하고요.

    프랑스에서 개발된 빔보는 처음 선보인 2007년 한 해 동안에만 무려 1200만 명이나 되는 사용자를 끌어들였습니다. 2008년 영국에서는 수입된 지 불과 몇 달 만에 사용자가 20만 명을 넘어섰어요. 프랑스와 영국에서는 9~16세 소녀들이 빔보를 돌보는 데 열광했습니다.

    이 게임은 처음에는 무료이지만 나중에는 휴대전화나 인터넷 결제 시스템을 통해 돈을 내야 계속할 수 있습니다. 그러다 보니 논란의 대상이 되기도 했습니다. 부모들은 이 게임을 하는 데 돈이 너무 많이 든다고 주장했어요. 어린 소녀들이 경쟁자들을 이기려고 하다 보면 미처 깨닫지 못하는 사이에 엄청나게 많은 휴대전화 요금이 청구되기 때문이지요.

    또한 '빔보(머리가 텅 빈 예쁜 여자)'라는 이름에서부터 알 수 있듯이 낭비가 심하고 어리석으며 허영에 찬, 헛된 명성을 좇는 여성상을 부추긴다는 비판을 받기도 합니다. 특히 가상 캐릭터에 미용 성형을 하게 만듦

알아두기

2008년 베이징올림픽에서 무려 금메달 8개를 딴 마이클 펠프스를 기억하는가? 그는 뛰어난 수영 선수이지만 바깥쪽으로 튀어나온 큰 귀 때문에 사람들에게 놀림을 많이 받았다. 하지만 펠프스는 그 때문에 귀를 안쪽으로 눕히는 수술을 받기보다는, 사람들에게 받은 마음의 상처를 오히려 수영에서 좋은 성적을 내는 동기로 이용했다. 시합에서 이기는 것이야말로 그를 놀리는 사람들에 대한 복수였다.

으로써 어린 소녀들에게 성형 수술을 마치 새 옷을 사거나 새로운 머리 스타일로 바꾸는 것과 같은 수준의 일상적인 일로 받아들이게 하고, 외모를 재능이나 인격보다 중요한 것처럼 여기게 한다는 것입니다.

부모들의 모임 패런트카인드Parentkind의 빌 히버드는 이 게임이 아이들의 순수성을 해칠 수 있다고 주장했습니다.

"아홉 살짜리 아이가 이 게임을 사회에 대한 풍자로 받아들이지 못하고 빔보를 근사한 역할 모델로 인지할 우려가 있습니다. 그러면 이 게임은 해로운 골칫거리가 될 거예요. 아직 사고 능력이 성숙하지 않은 아이가 이 게임을 하고 나서 가슴 성형을 하거나 다이어트 약을 복용해

함께 토론해 봅시다!

"우리는 소녀들에게 가슴 성형을 하라고 부추기지 않습니다. 성형은 게임의 한 요소일 뿐이에요. 이 게임은 현실 세계를 풍자적으로 반영합니다."

― 니콜라스 재커트(컴퓨터 게임 '빔보'의 디자이너)

"빔보가 주는 메시지는 명확하고 단순합니다. '여성의 가치는 외모로 결정되며, 외모가 만족스럽지 않다면 원하는 모습으로 고쳐라. 그래야만 행복해질 수 있다.' 라는 것입니다."

― 린다 파파도포울로스(심리학자)

여러분의 생각은 어떤가요?

야겠다고 생각하게 되면 곤란합니다."

한편, 이 게임을 지지하는 사람들은 빔보는 게임일 뿐이므로 현실 세계에서 아이들의 행동에 영향을 주지 않는다고 말합니다. 이 게임의 디자인을 맡은 니콜라스 재커트는 아이들에게 해롭지 않은 재밋거리일 따름이라며 빔보를 옹호하지요.

"이 게임은 어린아이들에게 나쁜 영향을 끼치지 않습니다. 아이들은 캐릭터를 꾸미고 돌보는 법을 배울 뿐이죠. 게임 속 과제나 목표는 도덕적으로 문제가 없을뿐더러, 아이들은 게임을 하며 현실 세계에 대해 배울 수 있습니다."

디지라는 이름의 이 장난감은 '소녀들을 위한 외모 단장 게임의 최종판'이라고 불린다. 잡지에 실릴 사진을 다루는 것과 똑같이 컴퓨터 화면에 디지털 사진을 띄워서 조작할 수 있다. 이 장난감은 단지 순수한 재밋거리일까, 아니면 미용 성형을 향한 첫걸음일까?

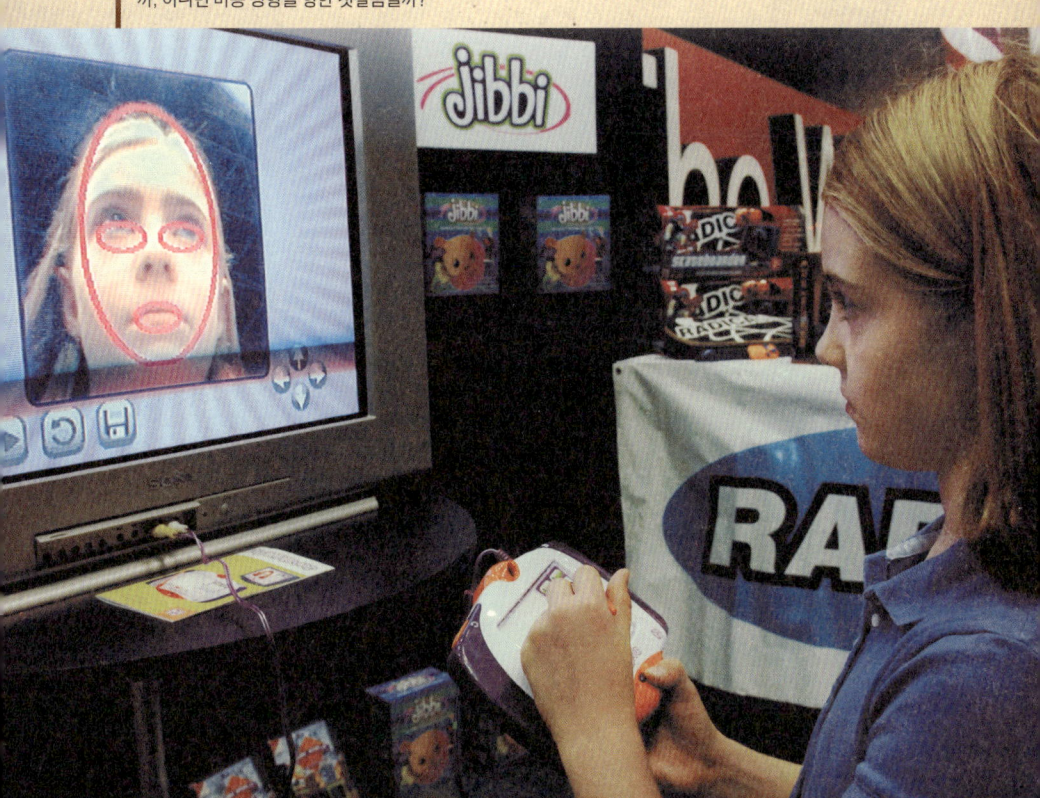

CHAPTER 1

미용 성형이란 무엇일까요?

'미용 성형'이라는 용어는 잘못 쓰이는 경우가 많습니다. 특히 외모를 바꾸는 '미용 성형'과 '성형 수술'을 혼동하기 쉽지요. 하지만 미용 성형이란 성형 수술의 한 종류이며, 두 개념 사이에는 중요한 차이점이 있습니다.

'**미용** 성형'이라는 말을 들으면 어떤 생각이 떠오르나요? 아마 병원에서 마취된 채 수술대에 누워 있는 환자 앞에서 의사가 메스를 휘두르는 모습이 떠오를 것입니다. 사실이든 아니든, 텔레비전에서 그런 장면을 자주 접했기 때문입니다.

또 미용 성형이라고 하면 화려한 영화 개막 행사에 등장하는 유명 연예인도 떠오릅니다. 사람들은 매력적인 연예인들이 성형을 했는지 궁금해하며 잡지나 인터넷 사이트에서 예전 사진 등 자료를 열성적으로 찾아봅니다.

성형이란?

'미용 성형cosmetic surgery'이라는 용어는 잘못 쓰이는 경우가 많습니다. 특히 외모를 바꾸는 '미용 성형'과 **성형 수술**plastic surgery'을 혼동하기 쉽지요. 하지만 미용 성형이란 성형 수술의 한 종류이며, 두 개념 사이에는 중요한 차이점이 있습니다.

2005년 영국의 의료 전문가 위원회는 자국의 미용 성형을 **규제**하는 최고 의료 책임자에게 제출한 보고서에서 미용 성형을 다음과 같이 정의했습니다.

"넓은 의미에서 어떤 사람이 이미 가진 '정상적'인 특성이라고 간주하는 생김새, 색깔, 조직, 구조나 자세 같은 신체의 특성들을 교정하거나 변화시키는 수술 또는 기타 처치들을 말한다."

이 정의에는 미용 성형의 중요한 특징 두 가지가 담겨 있습니다.

첫째, 미용 성형은 단순히 수술과 같은 말이 아니에요. 전문가들의 말에 따르면 수술이란 '수술실에서 **마취**를 하고 이루어지는 외과적인 조치'를 가리킵니다. 하지만 현대 미용 성형술 가운데에는 보톡스 주사나 필러 주사, **레이저 요법**처럼 절개하지 않는 처치도 있습니다.

그러나 귀나 몸에 구멍을 뚫는 피어싱, 문신처럼 감염 등 치명적인 영향을 미치지 않는 처치 또는 양악 수술, 치열 교정 등 미용의 목적으로 이루어지는 치과 시술은 국가에 따라 미용 성형이라 규정되기도 하고, 그렇지 않기도 합니다. 참고로 우리나라에서는 미용 문신, 점의 제거수술, 박피술, 수지침 등도 의사

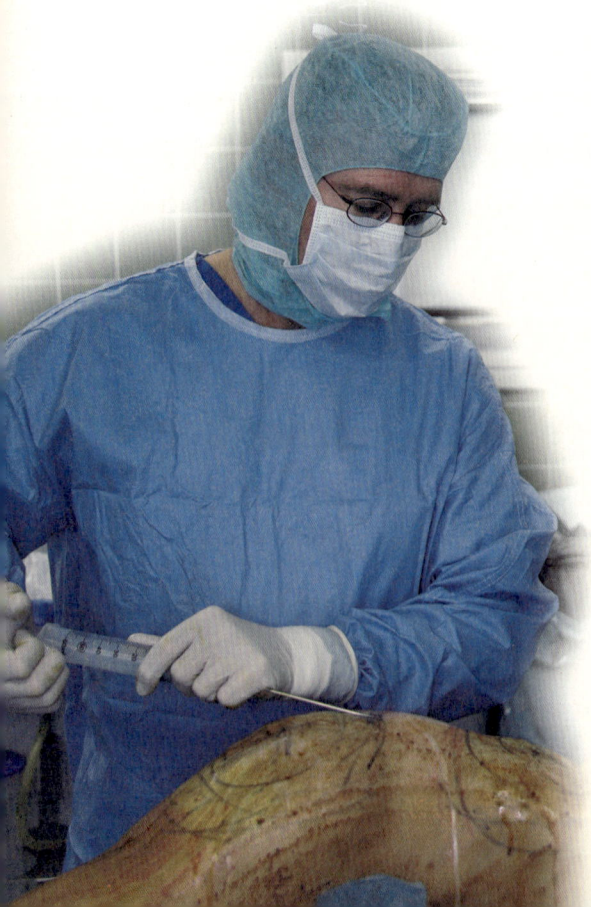

외과 의사가 마취된 환자에게 지방 흡입술을 실시하는 모습이다. 이런 수술도 현대 의술의 일부가 되어 가고 있다.

면허를 소지하지 않은 사람이 시술하면 무면허 의료 행위로 처벌하도록 정해져 있지요.

둘째, 미용 성형은 건강이나 의학적인 이유에서가 아니라 '정상적'인 사람들의 생김새를 바꾸기 위한 것입니다. 즉 '나쁜' 특성을 없애거나 '좋은' 특성을 덧붙여 자신의 외모를 더 낫게 만들려는 사람들을 위한 것이죠.

가장 간단한 형태의 미용 성형은 사마귀, 주근깨를 빼거나 귀를 뒤쪽으로 눕히는 시술같이 몸을 거의 알아채지 못할 정도만 살짝 변화시킵니다. 이런 시술은 꽤 흔하고 어릴 때 행해지는 경우가 많습니다. 이보다 심한 수준의 미용 성형은 눈에 띄는 극적인 변화를 일으킵니다. 피부를 끌어당겨서 펴는 주름 제거 수술이나 입술에 놓는 **콜라겐** 주사가

여배우이자 육체파 모델인 파멜라 앤더슨이 2007년 한 시상식의 레드 카펫 위에서 포즈를 취하고 있다. 앤더슨의 몸과 얼굴에서 타고난 부분은 얼마나 될까?

그 예입니다.

외과 수술은 얼굴이나 몸(코나 턱, 가슴, 엉덩이, 배 등)의 모양이나 크기를 변화시킵니다. 이런 수술은 위험하므로 환자를 마취시킨 채 이루어지며 회복 기간도 상당히 깁니다. 그 결과 수술을 받은 사람의 외모는 영구적으로 크게 변화하고, 때로는 아주 심하게 바뀌기도 합니다. 요즈음에는 외과 수술이 필요 없는 간단한 시술이 늘어나고 있습니다. 피부를 부드럽게 하거나 주름살을 제거하고 입술을 도톰하게 하는 시술은 외모를 일시적으로 변화시킵니다.

과거의 미용 성형

오랜 옛날부터 인간은 몸과 얼굴에 염료로 색을 칠하거나 머리카락을 자르고 다듬어 외모를 더 매력적으로 보이게 하려고 노력했어요. 마취술이 발견되기 전인 19세기 이전에는 수술을 통해 신체를 변화시키는 일이 드물었고 생명이 위급한 상황에만 한정되어 이루어졌습니다.

알아두기

2007년, 영국의 미용 성형 시장은 9억 3400만 달러(약 1조 600억 원) 규모에 도달했다. 가슴 확대 수술과 보톡스 주사가 제일 인기 있는 시술이다.

미국에서는 2007년 한 해에 1170만 건 이상 미용 시술이 이루어졌다. 그 가운데 200만 건 정도만이 지방 흡입이나 가슴 확대술처럼 절개가 필요한 외과 수술이었고, 나머지 960만 건은 보톡스 등의 주사나 레이저 제모 같은 비외과적 시술이었다.

당시에는 마취를 할 수 없었으므로 환자들이 극심한 고통에 시달리다 쇼크나 감염으로 죽는 경우가 많았어요. 그러다가 환자들을 고통 없이 잠들게 하는 마취술 및 감염을 줄이는 소독 기술과 소독제가 발명되면서, 오늘날 우리가 알고 있는 중대한 수술에서 자잘한 수술에 이르기까지 다양한 수술이 가능해졌습니다. 물론 성형 수술도 마찬가지예요.

성형 수술을 뜻하는 영어 단어 'plastic surgery'의 'plastic'은 틀이나 주형을 의미하는 그리스어 'plastikos'에서 왔습니다. 즉, 성형 수술이란 신체의 생김새와 기능을 변화시키는 외과적 혹은 비외과적인 전문 의학 기술입니다. 성형 수술은 제1차 세계 대전과 제2차 세계 대전 중에 특히 발전했습니다. 전쟁터나 폭격을 맞은 마을에서 부상당해 불구가 된 군인, 민간인의 얼굴과 몸을 원래에 가깝게 만들어 주는 과정에서 성형술이 발달한 것이지요.

오늘날 대부분의 성형 수술은 다치거나 병든 사람의 몸을 가능한 한 예전 상태로 복구하는 의학적인 목적에서 이루어집니다. 갓난아기의 **구순 구개열**(입천장이나 윗입술이 갈라진 것) 수술이나 화상 환자에게 새 피부를 이식하는 수술, 교통사고를 당한 사람에게 행해지는 수술이 그 예입니다. 그러나 성형 수술은 단지 손상된 부위를 복구하는 시술로 끝나지 않고, 수술 부위를 보다 아름답게 만들어 주는 미용상의 목적도 함께 가지고 있습니다. 유방을 잃은 여성에게 새로 유방을 만들어 주거나, 목숨이 위험할 정도로 심각한 비만 환자의 체중을 줄여 주는 수술이 그렇습니다. 이 책에서 초점을 맞추려는 것은 이런 미용상의 측면입니다.

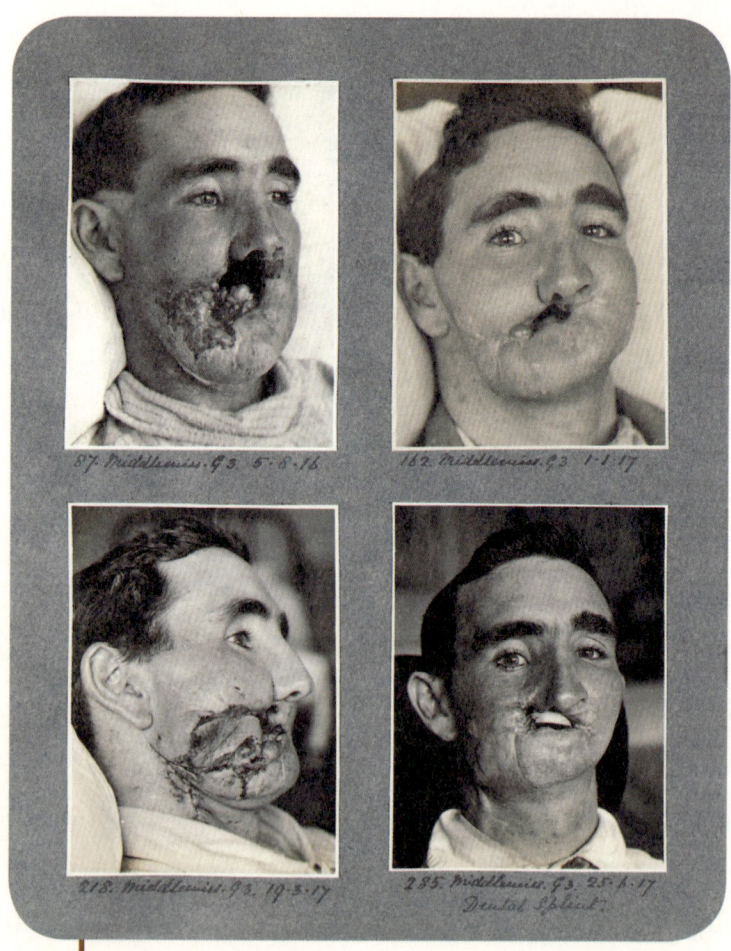

성형 수술은 의사들이 전쟁으로 엉망이 된 몸과 얼굴을 재건하는 새로운 기술을 발전시키면서 급속도로 발달했다. 이 사진은 제1차 세계 대전 당시에 부상당해 안면 재건 수술을 받은 군인의 모습이다.

사례탐구 **여신에서 평범한 여자아이로**

　인도에서 팔과 다리가 각각 네 개인 여자아이가 태어나자, 부모는 아이에게 팔이 넷인 힌두교 풍요의 여신의 이름을 따서 락슈미Lakshmi라는 이름을 붙여 주었다. 마을 사람들은 이 아이를 여신으로 떠받들기 시작했고, 한편으로는 아이를 서커스단에 눈요기로 팔아넘기려는 사람들도 있었다.

　락슈미의 장애는 어머니의 자궁에서부터 시작되었다. 락슈미의 어머니는 일란성 쌍둥이를 임신했는데, 태아의 몸이 형성되는 과정에서 쌍둥이의 몸이 분리되지 못했다. 그러자 쌍둥이 가운데 약한 쪽이 점점 쇠약해져서 팔다리만 남아 더 건강한 쪽인 락슈미에게 합쳐졌다. 락슈미는 생명에 지장이 없었고 신체 기능도 정상으로 작동했지만, 걸음을 걷거나 정상적인 삶을 누릴 수는 없었다.

　락슈미의 부모에게는 아이에게 **재건** 수술을 시켜 줄 돈이 없었다. 그러던 중 인도 남부 방갈로르 지역의 제일 좋은 병원에서 락슈미에게 무료로 수술을 해주겠다고 제안했다. 락슈미의 부모는 선뜻 그 제안에 응하지 못하고 고민에 빠졌다. 과거에 한 번도 이뤄진 적이 없는 수술인데다 위험했기 때문이었다. 몇몇 사람들은 아이가 수술을 받는 것은 잘못이며 태어난 그대로 운명을 거스르지 말아야 한다고 주장하기도 했다. 그러나 락슈미의 부모는 결국 수술을 하기로 결단을 내렸다.

　수술은 2007년 11월 30명의 외과 의사 팀에 의해 장장 24시간도 넘게 이어졌다. 의사들은 아이의 팔과 다리 2개씩을 제거하고 하반신을 다시 만들었으며, 부분적으로 달라붙은 쌍둥이 형제의 신장을 떼어 락슈미에게 이식했다. 수술은 성공적으로 끝나 락슈미에게 자유로운 새 인생을 선사했다. 이제는 여신도, 서커스의 흥밋거리도 아닌 평범한 소녀로서 살아갈 수 있게 된 것이다.

수술의 종류

미용 성형은 외과적 수술이 필요한 성형과 그렇지 않은 성형으로 나눌 수 있어요. 수술은 피부를 절개해서 속의 조직과 지방을 제거하거나, 몸의 어느 부위에서 다른 부위로 피부를 이식하는 식으로 이루어집니다. 얼굴에 흔히 시행하는 성형에는 코 성형(코의 크기나 모양을 바꾸는 수술), 귀 성형(귀의 모양을 바꾸는 수술), 쌍꺼풀 수술, 주름 제거 수술이 있습니다. 수술적인 처치 가운데에는 턱이나 뺨의 생김새를 바꾸는 것도 있습니다. 얼굴 외의 몸에 행하는 성형에는 여성의 가슴이나 엉덩이의 크기와 모양을 바꾸는 수술, 지방을 제거하는 지방 흡입술이 있습니다.

수술이 불필요한 처치는 최근 들어 발전하기 시작해 급격하게 인기를 누리고 있습니다. 이런 처치에는 화학 물질로 피부의 여드름, 점, 상처뿐만 아니라 피부에 자연스럽게 생긴 주름살, 주근깨를 없애는 **화학 박피술**, 그리고 피부와 조직 안쪽에 콜라겐 같은 **보형물**을 주입하는 시술이 있습니다. 그 가운데 큰 인기를 끄는 시술은 피부에 보톡스를 넣

| 락슈미가 자신의 인생을 바꾸는 대수술을 받고 난 뒤 부모와 찍은 사진이다.

어 피부가 매끄러워지도록 하는 처치입니다.

인식의 변화

과거에는 여성들이 주로 미용 성형을 받았습니다. 특히 젊어 보이는 외모를 원하는 부유하고 나이 든 여성이 미용 성형을 원했지요. 과거의 시술은 돈이 많이 들었고, 대부분 비밀스럽게 이루어졌습니다. 미용 성형을 받은 사람들은 성형 사실을 숨기고 자신의 외모가 젊어진 이유는 타고난 미모라거나 건강한 생활 습관 덕분이라고 둘러대고는 했습니다.

시간이 흘러 경험이 쌓이고 기술이 발달하면서 미용 성형에 드는 비용은 점점 낮아졌습니다. 동시에 미용 성형이 위험하다는 인식도 많이 바뀌었지요. 그리하여 더 많은 사람이 저렴한 가격에 미용 성형 수술을 받게 되었습니다. 이제 미용 성형은 나이 든 여성들의 전유물이 아닙니다. 얼굴과 몸을 가꾸기 위해 미용 성형에 도전하는 젊은 여성이나 남성이 많이 늘었습니다.

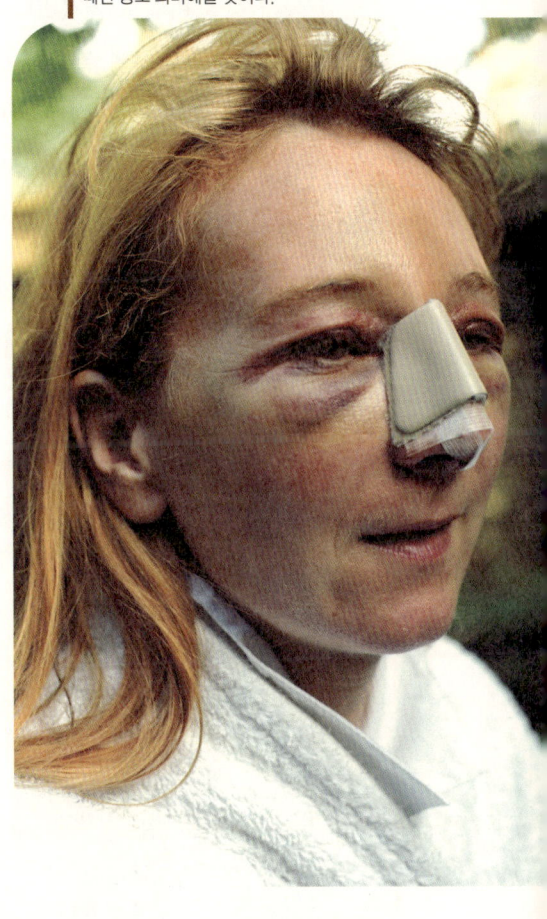

코의 생김새를 바꾸는 수술을 받고 회복 중인 여성의 모습이다. 시간이 지나 반창고를 떼면 멍도 희미해질 것이다.

무엇보다 크게 변화한 것은 바로 성형을 바라보는 시선입니다. 미용 성형을 하는 것을 비밀로 숨기거나 부끄러워하는 사람들이 적어졌습니다. 그리고 시술의 다양한 종류와 선택지들이 공개적으로 논의됩니다. 친한 사람들 사이에서가 아니라 잡지나 텔레비전에서도 미용 성형에 관한 이야기가 나오기 시작했습니다. 자신의 얼굴이나 몸을 바꾸는 일을 마치 자동차를 새로 사거나 머리 스타일을 바꾸는 것과 같은 흔한 소비 활동으로 생각하는 사람들도 생겼습니다.

미용 성형은 사람들이 직접 돈을 벌어 시술 비용을 낼 수 있을 만큼

함께 토론해 봅시다!

"나는 미용 성형에 문제가 없다고 봅니다. 사람들은 자기 자신을 한 단계 올려놓고자 성형을 하는 것입니다. 여기에 대해서 특정 기준을 들이대며 지나치다고 말할 수 없습니다."
― 조앤 리버스(여성 코미디언이자 토크쇼 진행자)

"미용 성형을 스스로 원하고 수술 뒤에 자기 자신을 더 사랑할 수 있게 된다면 문제가 되지 않을 것입니다. 하지만 미용 성형은 사람들을 공상 세계 속의 공상 인물로 만듭니다. 배우들이 그렇습니다. 그러나 배우들의 연기는 현실적이고 진실해야 합니다."
― 케이트 윈슬렛(영화배우)

여러분의 생각은 어떤가요?

경제적으로 여유로운 나라에서 인기가 많습니다. 성형의 인기가 가장 높은 나라는 미국이고 그다음은 브라질입니다. 미용 성형은 유럽이나 오스트레일리아, 캐나다, 일본, 뉴질랜드에서도 인기가 좋으며 아랍 국가들과 중국, 우리나라에도 널리 퍼졌습니다.

오늘날의 미용 성형

비록 미용 성형이 예전보다 흔해지기는 했지만, 이 주제는 아직도 많은 논쟁을 불러일으키는 주제입니다. 찬성론자들은 미용 성형이 현대 과학과 기술의 발전에 따른 하나의 상품이라고 주장합니다. 일반적으로 시술은 다년간 경험을 쌓은 외과 의사들이 참여한 가운데 안전하고 위생적으로, 그리고 예전보다 저렴한 비용으로 행해지고 있습니다. 미용 성형은 사람들의 외모를 나아지게 할 뿐만 아니라 사람들이 자신감을 갖도록 도와줍니다. 결과적으로 수술을 받은 사람들은 더 행복한 삶을 살게 되고, 자신의 운명에 대해 더 나은 선택지와 통제력을 갖게 됩니다. 이것이 사실이라면 궁극적으로 사회 전체에는 이득이 되겠지요.

반대론자들은 미용 성형이 안전하지 않고 규제가 제대로 이루어지지도 않으며 대개 불필요하다고 주장합니다. 더불어 성형으로 이윤을 추구하는 산업적 측면을 강조합니다. 결과에 대해서는 책임도 지지 않으면서 젊은 사람들과 나이 든 사람 모두에게 비현실적인 꿈을 판매한다는 것입니다. 미용 성형 산업은 행복에 도움이 되기보다는 외모에 대한 두려움과 불안을 먹고 자라납니다. 즉, 삶을 스스로 통제하는 능력을 높여 주는 것이 아니라 삶을 지배하고 잠식한다는 것이지요. 반대론자들은 현대 사회가 사람들의 개성과 다양성에 가치를 부여하지 않고 모든 사람이 똑같은 외모를 추구하게 함으로써 미용 성형 시장을 더욱 키우고 있다고 주장합니다.

간추려 보기

- 미용 성형은 성형 수술의 한 갈래로, 지난 수십 년 동안 급격하게 발전했다.
- 미용 성형은 사람의 '정상적인' 생김새를 개선하거나 변화시키는 것을 목표로 한다.
- 미용 성형에는 다양한 종류가 있으며, 계속해서 새로운 시술법이 개발되고 있다.
- 과거에는 미용 성형 수술을 받은 사람들이 수술 사실을 부끄러워해 숨기곤 했다. 하지만 오늘날에는 미용 성형에 대한 태도가 더 개방적으로 바뀌었다.
- 피부를 절개하지 않고 비용 또한 저렴한 미용 성형 처치술이 발전하면서, 점점 많은 사람이 외모를 바꾸기 위해 시술을 받고 있다.
- 미용 성형을 받는 사람들은 대부분 여성이지만, 점차 남성과 십 대 청소년의 수도 늘고 있다.

미용 성형은 안전할까요?

오늘날에는 수술이 필요하지 않은 미용 성형술이 늘어나는 추세입니다. 이러한 시술 역시 의료 전문가가 행해야 한다는 사실은 변함이 없지만, 비교적 간단하다는 이유로 의학적 훈련을 받지 않은 사람들이 불법으로 시술을 하기도 합니다.

미용 성형은 의료 윤리에 어긋나지는 않을까요? 다시 말해, 의학적으로 필요하지 않은 수술이나 처치를 하는 의사들의 행위가 올바른 것일까요?

의료 윤리

미용 성형에는 어떤 의료 윤리가 적용될까요? 의학계에서는 의료 윤리와 관련해 가장 오래된 '**히포크라테스 선서**'가 잘 알려져 있지요. 고대 그리스의 의사들은 이 선서를 마쳐야만 환자를 돌볼 수 있는 자격을 얻었습니다. 환자들에게 질 좋은 의료를 제공하고 최선의 결정을 내리겠다는 다짐이지요. 히포크라테스 선서는 2,500년을 지나는 동안 여러 번 수정되었지만, 선서 조항의 기본 정신은 오늘날에도 의료 업무의 윤리적인 기반이 되고 있습니다.

미용 성형의 반대론자들은 불필요한 처치를 하는 것은 옳지 않은 행위이며 특히 선행, 해악 금지, 정의(30쪽 표를 보세요.)에 대한 의료 윤리에 어긋난다고 주장합니다. 그리고 그 가운데에서도 '해로운 것을 행하지 말 것'이라는 **원칙**에 가장 어긋난다고 봅니다. 미용 성형은 부상이나 질병에 대한 치료가 아니므로 질병을 치유하거나 건강을 개선할 수 없습니다. 하지만 모든 의학적 처치에는 아무리 사소하더라도 위험이 따르기 마련입니다. 이를 근거로 하여 반대론자들은 불필요한 시술을 함으로써 의사가 환자에게 위험 부담을 안기게 되고, 결국 그 환자에게 최선의 이익을 주지 못하게 된다고 말합니다. 더구나 성형의 결과가 불만족스럽거나 잘못되면 환자의 건강과 삶의 질은 좋아지기는커녕 수술 전보다도 나빠집니다.

하지만 미용 성형의 찬성론자들은 이 주장을 반박합니다. 대신 사람들이 일상생활에서 많은 위험을 안고 살아간다는 점을 지적합니다. 인생 자체가 위험의 연속이라는 것이지요. 오늘날 사람들은 무조건 의사의 말을 따르지 않고도 필요한 정보를 수집해 자신이 받으려고 하는 시술이 과연 적절한지 직접 결단을 내릴 수 있습니다. 또한, 의료 윤리 중 사전 동의 및 자율성의 원칙을 내세우기도 합니다. 사람들이 미용 성형 시술에 대해 모든 정보를 알 수 있고 자신이 원하지 않거나 감당하지 못

오늘날의 미용 성형과 관련된 히포크라테스 선서 조항

선행	의사는 위험 부담과 예상되는 결과 사이의 균형을 맞추어 언제나 환자에게 최선이 되는 것을 행해야 한다.
해악 금지	해로운 것을 행하지 마라. 치료가 환자의 건강이나 행복을 악화시켜서는 안 된다.
진실성	환자는 자신이 처한 상황 및 자신이 받는 치료의 장점과 단점을 완전히 알고 있어야 한다.
자율성	환자에게는 어떤 치료나 충고를 수용하거나 거부할 결정을 내릴 권리가 있다.
정의	사람들과 사회에 도움이 되도록 의료 자원을 공정하고 정당하게 사용해야 한다.

할 정도로 비싼 처치를 강요받지 않는 한, 미용 성형은 의료 윤리에 어긋나지 않는다는 것입니다.

오랜 세월에 걸쳐 의사들은 히포크라테스 선서의 다양한 수정본으로 선서를 했습니다. 이 선서문은 정성들여 그려 넣은 그림과 아름다운 글씨로 장식되어 있습니다.

> **알아두기**
> 전 세계적으로 성형외과 의사 2만 명이 '국제미용성형외과의사회'라는 단체에 가입되어 있습니다.

안전에 대한 문제

미용 성형은 안전할까요? 미용 성형과 시술은 종류도 많을뿐더러 위험한 정도 역시 각각 다르므로 이 질문에는 답을 내리기가 어렵습니다. 하지만 미용 성형이 안전 문제에서 자유롭지 않은 것은 사실입니다.

반대론자들은 미용 성형이 의학적인 문제를 일으킨 사례들을 듭니다. 이러한 사례 가운데 가장 악명 높은 것은 **실리콘**(플라스틱의 일종) 주머니에 실리콘을 채운 가슴 보형물에 관한 사례입니다. 실리콘 보형물은 1960년대에 미국에 도입되어 여성의 가슴을 대체하거나 확대하는 의학적, 미용 성형의 목적으로 사용되었습니다. 30년 넘게 100만 명이 넘는 미국 여성이 이 실리콘 보형물 시술을 받은 것으로 추산됩니다. 시술이 이루어진 초기부터 여성들은 보형물이 몸을 병들게 하지 않을까 하는 두려움을 호소했어요. 그리고 이것은 결국 현실로 드러났습니다. 연구 결과, 실리콘이 때때로 주머니 밖으로 새어 나와서 신체의 다른 부위로 이동하는 일이 발생했고 이 때문에 암이나 그 밖의 질병에 걸릴 위험이 크다는 사실이 밝혀진 것입니다.

하지만 미국식품의약국FDA이 실리콘 보형물의 판매와 이용을 중지하기로 결정을 내린 것은 그 뒤로 한참이 지난 1992년부터였습니다. 실리콘 보형물 수술을 받은 여성들은 보형물을 생산한 회사를 상대로 소송을 걸었고, 1994년에 회사 세 곳이 지난 30년 동안 미국에서 발생한 피해자들에게 보상금 37억 달러를 10년 후부터 지급하는 데 동의했습니다. 이 회사들은 보형물이 안전하지 않다는 점은 부인했지만, 더 이상의 소송을 피하고자 일단 보상금을 지급하기로 했습니다. 나중에 이 소송이 언론에 의해 사람들에게 널리 알려지면서 보형물 시술의 기준과 규제를 강화하자는 움직임이 일었습니다. 그 후 몇 년 지나지 않아서 실리콘 보형물은 미국뿐 아니라 캐나다, 프랑스, 영국, 일본 및 그 밖의 여러 국가에서 사용이 금시되었습니다. 오늘날에는 실리콘 대신 식염수를 채운 보형물이 사용됩니다. 다만, 보형물 주머니는 여전히 실리콘으로 만들어집니다. 더 나은 대체 물질을 찾지 못했기 때문이지요.

　미용 성형 반대론자들은 이 사례의 결과가 미용 성형이 위험을 끼칠 수 있다는 증거가 된다고 여기고 다른 처치들, 특히 장기적인 영향이 알려지지 않은 처치들 역시 안전하지 않다고 주장합니다. 미용 성형 찬성론자들도 과거에 행해진 일부 미용 성형에 문제가 있었다는 것을 인정합니다. 특히 당시에 엄격한 검증이나 규제를 받지 않았던 사례들이 그렇습니다. 하지만 성형 시술이 혼해짐에 따라 시술은 점점 안전해졌습니다. 아울러 오늘날에는 언론이 미용 성형에 대해 집중 분석해 주어서 소비자들은 예전보다 훨씬 많은 정보를 얻게 되었습니다. 지지자들은 오늘날의 미용 성형이 멈추지 않는 의과학적 진보의 한 부분이며, 병을 고칠 뿐 아니라 삶의 질을 높이는 것을 목표로 삼는다고 주장합니다.

사례탐구 한 치어리더의 죽음

　스테파니 쿨레바는 2008년 3월 22일, 수술대 위에서 숨을 거두었다. 고작 18세에 불과했던 스테파니는 미국 플로리다 주에 있는 고등학교의 치어리더였다.
　스테파니의 죽음은 미국 전역의 신문 앞머리를 차지했다. 사망할 당시 스테파니는 가슴 확대 수술을 받던 중이었다. 결과적으로 미용 성형, 특히 십 대를 대상으로 하는 성형의 안전과 윤리 문제에 대해 여러 가지 문제점이 제기되었다.
　스테파니의 가족은 수술이 미용의 목적만이 아니라 양쪽 크기가 다른 가슴을 교정하기 위해서였다고 말했다. 가족은 이 수술이 필요할 뿐만 아니라 안전하다고 믿었고, 스테파니를 담당한 외과 의사 프레더릭 루카시는 자신이 다른 십 대 소녀들에게 비슷한 수술을 한 적이 있으며 시술은 안전했다고 주장했다. 실제로, 스테파니는 마취의 영향으로 나타난 악성 고체온증이라는 희귀한 유전적 이상으로 사망한 것으로 밝혀졌다.
　그러나 미용 성형의 전반적인 안전성과 십 대가 그 대상이었다는 점은 두고두고 문제가 되었다. 미국 외과의사회와 식품의약국에서도 신체가 아직 발달 단계인 18세 이하는 미용의 이유로 가슴 수술을 받아서는 안 된다고 금지하고 있다.

함께 토론해 봅시다!

"어떤 십 대들은 이미 성인만큼 성장해서 수술받는 데 문제가 없다. 의사들은 몸이 얼마나 성숙하였는지를 보고 현실적인 예측을 한다."
— 월터 에어하트(미국 조지아 주 성형외과 의사)

"청소년을 대상으로 이루어지는 미용 성형의 큰 문제는 바로 인생에서 신체가 가장 큰 변화를 겪을 시기에 수술을 받는다는 점이다. 청소년들은 자신이 받으려는 수술이 영구적인 결과를 낳는다는 사실을 인식하지 못할 수도 있다."
— 데이비드 세이워(미국 펜실베이니아 의과대학 외모 연구 센터)

여러분의 생각은 어떤가요?

식염수가 채워진 실리콘 가슴 보형물은 이제 가슴 확대 수술의 표준이 되었다. 브라질 리우데자네이루에 있는 이 보형물 공장은 이 도시에 있는 성형외과들의 주된 공급처이다.

안전 규정

대부분 국가에서 얼굴이나 몸에 행해지는 복잡한 시술은 전문 성형외과 의사에게만 허용됩니다. 이 의사들은 대개 미용 성형에서 재건 수

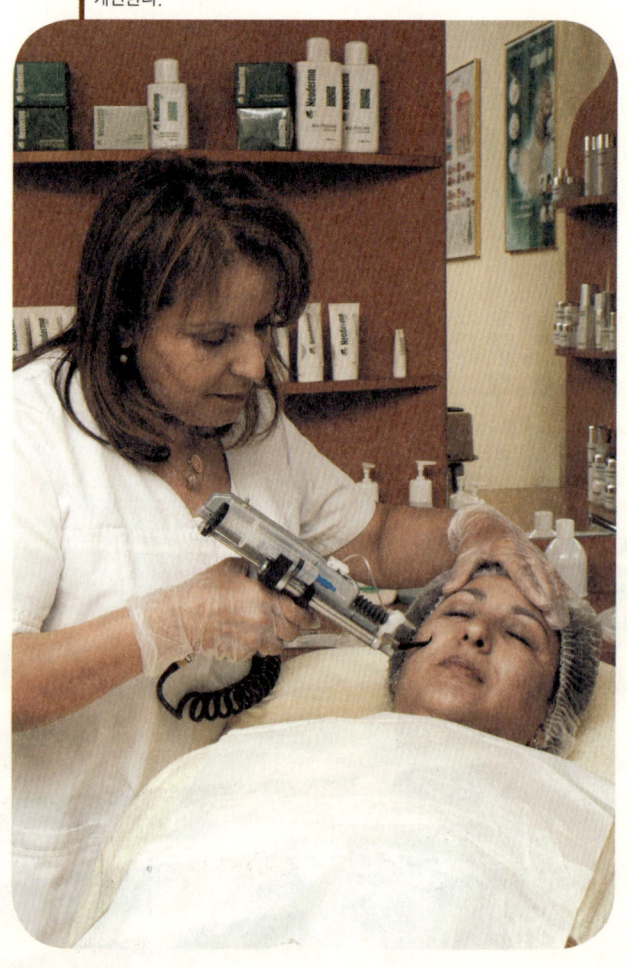

한 간호사가 환자에게 메조테라피 주사를 놓고 있다. 메조테라피는 약제와 식물 추출물, 비타민의 배합물을 주사해서 피부 상태를 개선한다.

술까지 아우르는 수년간의 경험과 매우 다양한 기술을 갖고 있지요. 하지만 전문의 자격증 없이 수술 또는 시술을 하는 의사들도 있습니다. 미용 성형을 하는 사람의 자격증 취득에 대한 규제가 미비하거나 아예 없는 국가도 있다고 해요.

오늘날에는 수술이 필요하지 않은 미용 성형술이 늘어나는 추세입니다. 이러한 시술 역시 의료 전문가가 해야 한다는 사실은 변함이 없지만, 비교적 간단하다는 이유로 의학적 훈련을 받지 않은 사람들이 불법으로 시술하기도 합니다. 그런 사례 가운데 하나가 얼굴 피부에 놓는 보톡스 주사입니다. 보톡스 주사는 빠르고 간단해서 예약만 해 두면 점심시간에 가서 할 수 있을 정도라고 선전하기도 합니다.

보톡스 주사

보툴리늄 톡신(보톡스)은 독성이 매우 강한 물질입니다. 의학적으로 이 물질은 팔다리 및 근육의 발작이나 성대 질환을 치료하는 데 쓰입니다. 하지만 오늘날에는 보톡스가 의학적인 처치가 아닌 '수술 없는 간

알아두기

콜라겐 주사는 영국에서 보톡스 주사 다음으로 인기 있는 미용 시술이다. 콜라겐은 피부나 뼈, 힘줄에 들어 있는 단백질로, 입술을 도톰하게 하거나 주름을 펴기 위해 주입한다. 이 시술은 효과가 영구적이지 않으므로 여러 번 주사해야 한다.

단한 주름 제거술'을 위해 훨씬 많이 사용됩니다.

　얼굴에 보톡스를 약간 주사하면 얼굴 근육이 일시적으로 마비되어 주름을 발생시키는 수축 작용이 줄어드는 동시에 원래 있던 주름까지도 다림질하듯 펴집니다. 초기에 보톡스 시술은 계속해서 젊어 보이기

> 보톡스를 비롯해 새로 개발된 주사 물질들은 미용 성형 업계에서 빠르게 인기몰이를 하고 있다. 복잡한 수술과 비교해 시술이 간단하고 마취를 할 필요가 없기 때문이다. 수술하는 것보다 비용도 훨씬 저렴하다. 그렇지만 아직 보톡스가 일으킬 장기적인 영향은 알려지지 않았다.

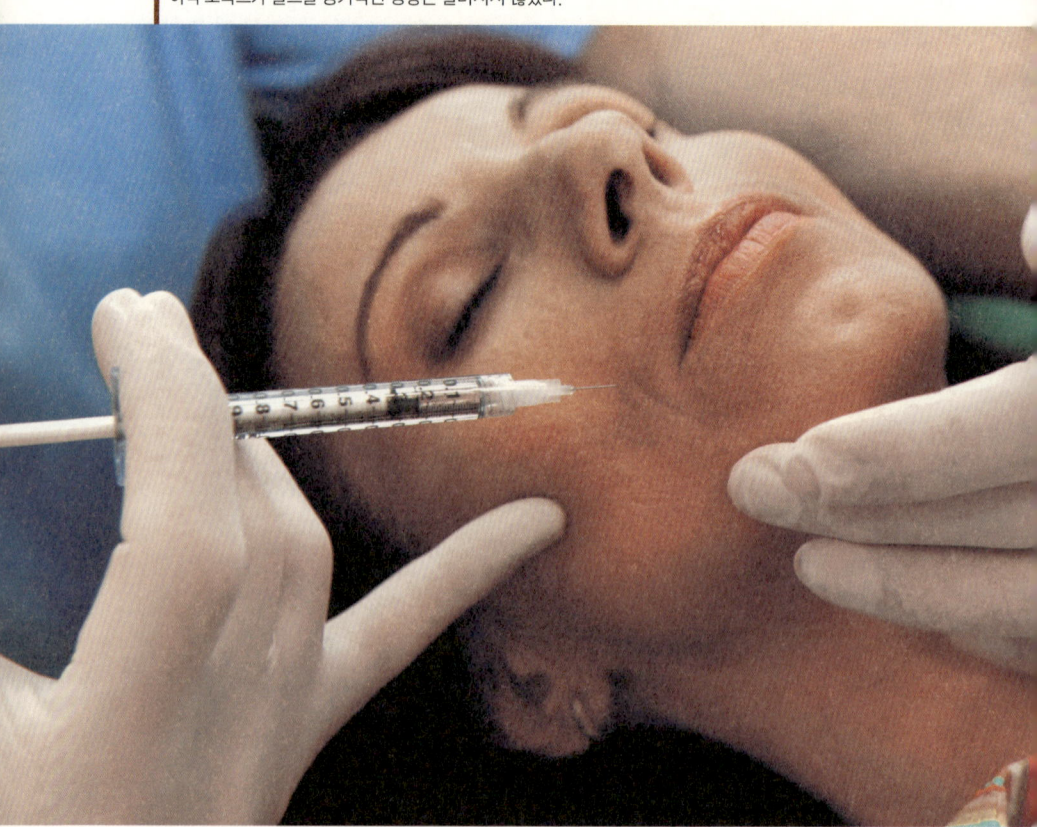

를 열망하는 나이 든 유명인들에게 유행했습니다. 시간이 흘러 시술 비용이 내려가면서 보톡스는 더욱 대중적으로 인기를 얻었지요. 특히 얼굴에 주름살이 사실상 없다시피 한 젊은이들까지도 좀 더 어려 보이기 위해 이 시술을 받았어요.

보톡스는 실제로 주름살을 없애 사람들을 젊어 보이게 해 줍니다. 그러나 보톡스 주사가 완벽하게 안전한지는 의문입니다. 2008년 미국식품의약국은 보톡스의 사용과 연관된 사망 사례 16건을 조사했습니다. 또한, 같은 해 이탈리아 과학자들은 쥐에게 보톡스를 주사한 결과, 보톡스가 며칠 만에 얼굴에서 뇌로 이동해 6개월 동안 남아 있었다는 사실을 발견했습니다. 반대론자들은 이 실험의 결과가 보톡스가 잠재적으로 안전하지 않고 해로울 수 있다는 증거라고 주장합니다. 의학적 훈련을 받지 않은 사람이 주사를 놓았다면 더욱 그렇습니다. 예를 들어, 가정에서 '보톡스 파티'라는 이름으로 불법 시술을 한 사례가 보고되기도 했습니다.

그렇지만 미용 성형 찬성론자들은 미국에서의 사망 사례들은 미용 성형과 관련이 없으며, 쥐를 대상으로 한 실험 결과가 인간에게도 적용된다는 증거는 없다고 주장합니다. 여기에 대해 반대론자들은 보톡스가 눈꺼풀이 처지거나 표정이 굳어지는 일시적인 부작용을 일으킬 수 있고, 특히 미용 성형에 사용된 지 20년 정도밖에 지나지 않았기 때문에 아직 장기적인 영향에 대해 속단할 수 없다고 지적합니다.

간추려 보기

- 미용 성형에 대한 찬반 논쟁은 아직도 계속되고 있다.
- 미용 성형을 둘러싸고 여러 가지 의료 윤리적인 문제가 제기된다. 특히 시술이 간단해 비전문가도 시술할 수 있는 미용 성형은 잘못하면 환자가 위험에 빠질 수 있으며, 재료의 안전성 역시 논란이 된다.
- 여러 해에 걸친 법정 공방 결과, 실리콘 가슴 보형물은 안전하지 않다는 결론에 이르러 오늘날에는 여러 국가에서 금지되고 있다.
- 미용 성형 반대론자들은 보톡스 주사를 포함한 미용 성형에 충분한 안전 규정이 없다고 주장한다.

3
CHAPTER

왜 타고난 외모를 바꾸려고 할까요?

오늘날 서구 사회에서는 젊음과 아름다움에 매우 높은 가치를 부여합니다. 중년이라는 나이는 더 이상 성숙함과 연륜의 상징이 아니며, 사람이 현명해지는 나이라고 표현하지도 않습니다. 이제 사람들은 나이 드는 현상을 싫어하고, 거부하기에 이르렀습니다.

사람들이 미용 성형 수술을 받으려고 하는 것은 무엇보다도 수술로 자신의 외모가 더 나아질 것으로 여기기 때문이에요. 미용 성형이 자신을 더 젊고, 아름답고, 매력적으로 보이게 해 준다고 믿는 것이지요. 더 젊고 아름다워 보이고자 하는 욕구는 어느 문화에나 존재합니다. 젊음과 아름다움은 문화권마다 조금씩 형태는 다르지만, 보편적으로 찬탄을 받습니다.

아름다움의 역사

오랜 옛날부터 사람들은 얼굴과 몸을 아름답게 꾸미고자 애써 왔습니다. 몸에 색을 들이는 것은 가장 흔한 치장법으로 사실 일시적으로도 가능합니다. 현대적 형태의 수술이 등장하기 전에는 영구적인 변화를 일으키는 치장법이 드물었고, 상당수가 굉장히 고통스러웠습니다. 많은 문화권에서 흔히 볼 수 있는 예가 바로 문신이지요. 문신을 하려면 날카로운 바늘로 살을 뚫고 물감을 피부 속에 넣어야 해요.

고통이 크지만 어떤 문화에서는 정상적인 일로 받아들여지는 예도 있어요. 예를 들어, 중앙아메리카의 고대 마야 문명에서는 이마가 수직

파다웅 족 소녀들이 전통 의상을 입고 고리를 끼운 기다란 목을 자랑스럽게 내보이며 웃고 있다. 목이 긴 여성들의 특이한 모습을 보려고 매년 수많은 관광객이 몰려든다. 하지만 부족의 구성원 중 일부는 목을 늘이는 전통 풍습을 거부하기도 한다.

방향이 아니라 경사가 있는 편이 더 아름답다고 여겼습니다. 그래서 부모들은 아이의 이마가 비스듬한 모양이 되도록 머리를 단단히 동여맸습니다. 미얀마의 '파다웅Padaung 족' 여성들은 긴 목이 아름답다고 여겨 목에 무거운 고리를 끼워 목 길이를 늘입니다. 이렇게 하면 척추가 약해져서 인공적으로 끼워 놓은 고리를 빼면 고개를 똑바로 들고 있을 수조차 없습니다.

고대 중국에서는 여성의 발이 작을수록 더 아름답고 매력적이라고 생각했습니다. 그래서 부유한 집안의 소녀들은 발을 눌러 싸매서 가능한 한 더 자라지 않도록 했습니다. 이런 풍습을 전족이라고 합니다. 엄청난 고통 때문에 전족을 한 성인 여성은 다른 사람의 도움 없이는 몇 발자국도 걷지 못해서 그저 집안에 갇혀 지내야 했습니다. 전족은 20세기 들어 중국 정부가 금지하면서 비로소 사라졌습니다.

하지만 이런 사례들은 특정 지역에서만 이루어진 극단적인 예입니다. 오늘날 여러분이 알고 있는 미용 성형 수술들이 가능할 정도로 의학이 발달한 것은 20세기 중반에 들어서였습니다. 미용 성형 찬성론자들은 미용 성형이 외모를 치장하고 더 아름다워지고자 하는 자연적인 충동의 연장선이라고 주장합니다. 오래 지속된다는 점을 빼고는 화장하거나 머리를 염색하는 것과 그다지 다를 바가 없다는 것이지요. 그리고 과거와 달리 오늘날의 성형 시술은 안전하고 빠르며 상대적으로 통증이 덜한 데다 환자에게 충분히 설명한 후 완전한 동의를 얻은 뒤 이루어집니다.

하지만 반대론자들은 미용 성형이 화장해서 자연적인 외모를 개선,

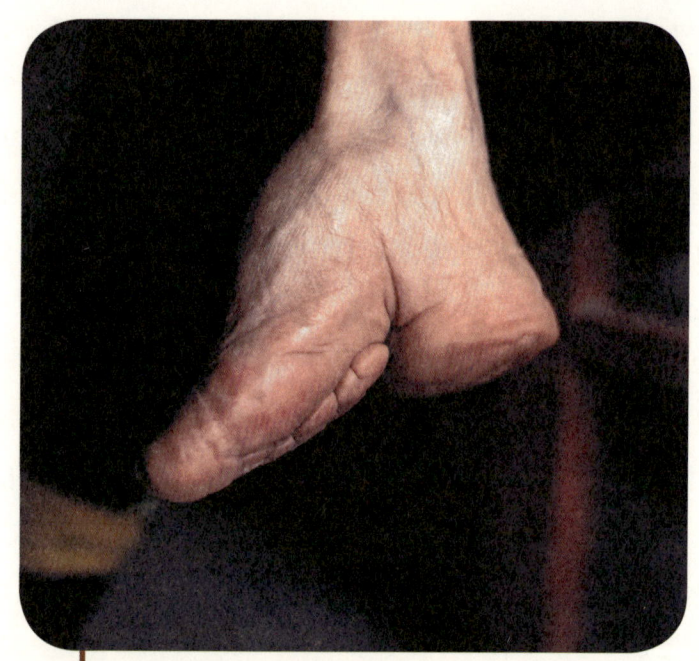

작게 변형된 이 발은 아주 어렸을 때부터 전족한 나이 든 중국 부인의 발이다. 발뼈가 부러졌고 발가락이 발바닥 쪽으로 구부러져서 뭉개진 상태이다. 전족한 소녀들은 얼마 안 되는 거리를 절뚝대며 걷는 것 외에는 제대로 움직일 수조차 없었다.

변화시키는 것 이상으로 외모를 바꾼다고 주장합니다. 성형은 외모를 훨씬 극적으로 변화시키고, 돈도 많이 들며, 위험하기까지 합니다. 성형의 결과가 대부분 영구적이라는 점은 장점이 아닙니다. 특히 결과가 마음에 들지 않을 때 더욱 그렇습니다. 오늘날에는 아름다움에 대한 기준이 다양하고 유행에 따라 사람들의 취향이 빠르게 변하지요. 지금 아름다워 보이는 외모도 5년, 10년 뒤에는 그렇지 않을 수 있다는 뜻이에요. 진정한 아름다움이란 그 사람의 개성, 즉 다른 사람들과 구분 짓는

특색에서 드러난다는 말도 있지요. 그러나 미용 성형은 당시 유행하는 아름다움의 기준을 따르기 때문에 사람들의 외모가 서로 비슷비슷해지게 합니다.

젊어 보이려는 욕구

오늘날 서구 사회에서는 젊음과 아름다움에 매우 높은 가치를 부여합니다. 중년이라는 나이는 더는 성숙함과 연륜의 상징이 아니며, 현명해지는 나이라고 표현하지도 않습니다. 이제 사람들은 나이 드는 현상을 싫어하고, 거부하기에 이르렀습니다. 사람들은 가능한 한 젊고 매력적인 상태로 남고 싶어 하며, 미용 성형이 그렇게 하는 데 도움이 되리라고 생각합니다.

과거에는 미용 성형이 주로 나이 든 중년 여성을 대상으로 했습니다. 물론 오늘날에도 성형 산업의 가장 큰 시장은 중년 여성층입니다. 미용 성형은 비록 중년 여성을 십 대처럼 보이게 하지는 못하지만, 노화의 몇몇 징후를 없애 주고 더 젊어 보이게 할 수 있습니다. 주름 제거 수술과 보톡스 주사는 피부를 매끄럽게 하고 주름을 펴 줍니다. 콜라겐은 얇은 입술을 도톰하게 하고, 지방 흡입술도 피부를 매끄럽게 하고 주름을 없애는 효과가 있습니다. '터미 턱'이라는 시술은 나이가 들면서 늘어진 엉덩이 살과 뱃살을 제거합니다.

배우, 가수, 모델, 유명인처럼 잘 알려진 사람들은 미용 성형을 하면 큰 주목을 받습니다. 이들이 성형의 유혹을 받는 것은 외모가 직업적으로 매우 중요하기 때문입니다. 예컨대 나이가 있고 돈이 많은 여성을 위해 디자인된 옷을 젊은 모델들이 입고 패션쇼 무대에 오르거나 화보를 촬영합니다.

하지만 미용 성형의 가장 큰 수요층은 뭐니뭐니해도 더욱 젊고 매력

> 코미디언이자 토크쇼 진행자인 조앤 리버스는 자신의 외모가 더 젊고 매력적으로 보이도록 미용 성형을 했다고 공개적으로 밝혔다. 이제 성형을 했다는 것은 리버스의 캐릭터에서 중요한 부분이며, 리버스는 자신이 수술을 여러 번 받은 사실을 희화화해 농담거리로 삼곤 한다.

적으로 보이고자 하는 일반 여성이에요. 그리고 여성에 비하면 주로 가벼운 시술을 택하기는 하지만 미용 성형을 원하는 중년 남성의 수도 늘고 있습니다. 성형을 하려는 이유는 보통 개인의 만족 때문이지만, 다른 사람의 시선을 의식하기 때문이기도 합니다. 젊고 매력적인 사람들이 더 좋은 일자리를 얻거나 높은 급료를 받는다는 연구 결과도 나와 있지요. 특히 사람들을 상대해야 하는 직업군에서 이러한 현상은 더욱 두드러집니다.

찬성론자들은 미용 성형이 나이 든 사람에게 동업자나 부하 직원들에게 호감을 주는 젊은 외모를 선사해 줄 수 있다고 말합니다. 오늘날 노인들은 예진보다 오래 살고 더 활동적으로 생활하는 만큼 외모도 나이보다 젊고 매력적으로 보이기를 바랍니다. 이들에게 미용 성형은 새치가 보이지 않도록 머리카락을 염색하거나 화장을 하고 멋진 옷을 입는 것과 크게 다르지 않습니다. 힘들게 번 돈을 자신의 외모를 더 낫게 변화시키고 기분을 좋게 하는 데 쓰면 안 될 이유라도 있을까요?

그런가 하면 반대론자들은 미용 성형이 나이 든 사람들에게 도움이 되기는커녕 장기적으로는 좋지 않은 결과를 불러올 수 있다고 주장합

알아두기

미국에서 성형외과와 피부과 의사들은 미용 목적의 주사 시술을 일주일에 2만여 건씩 한다. 주름과 피부 결점을 없애는 것이 목적인 이 주사 시술은 얼굴을 더욱 매력적으로 보이게 하고 노화의 징후를 제거한다.

니다. 성형 시술을 받은 사람들은 멀리서 볼 때는 젊어 보일지 몰라도 가까이에서 보면 작은 상처나 시술 흔적이 보일 수 있습니다. 더 나아가 주름 제거 수술이나 보톡스 주사 같은 시술은 피부를 팽팽하게 당기는 탓에 표정이 굳어 보이는 부작용이 있을 뿐 아니라 웃을 때 생기는 주름 같은 개성적인 특징을 없애 버립니다.

젊어 보이기 위해서는 몸을 집고 잡아당기는 수술을 할 것이 아니라 건강한 식생활과 적절한 운동 습관을 유지해야 한다고 생각하는 사람도 많습니다. 미용 성형 반대론자들은 나이 들어 보이는 것은 전혀 나쁜 것이 아니라고 말합니다. 젊어 보이는 데만 신경 쓰는 것보다 사람들이 제 나이대로 보이는 것을 긍정하는 사회가 바람직하다는 거예요.

완벽해지기

중년의 여성과 남성들이 젊음을 유지하기 위해 미용 성형 시술을 받는 동안 20, 30대 젊은 여성층의 미용 성형 수요도 빠르게 증가했어요. 어찌 보면 당연한 일이지요. 현대의 젊은 여성들은 과거의 그 어떤 시기보다도 나은 환경을 누리며 살아갑니다. 교육 수준이 높을 뿐만 아니라 직업도 더 좋고 건강하지요. 그럼에도, 오늘날 여성들은 더 많은 것을 원합니다. 될 수 있는 한 자신의 외모를 매력적으로 가꾸기를 바라는 것입니다. 그러기 위해 미용 성형이 필요하다고 생각해요.

중년 여성들과 달리 젊은 여성들이 주름 등 노화의 징후를 없애려고 하는 것은 더 어려 보이기 위해서가 아닙니다. 이들이 성형을 원하는 이유는 완벽한 외모를 추구하기 때문입니다. 젊은 여성들은 잡지나 영

2004년 당시 68세이던 실비오 베를루스코니 이탈리아 총리는 몇 주 동안 언론의 시야에서 잠시 사라진 적이 있었다. 베를루스코니는 그 사이에 모발 이식과 눈주름 제거술을 받고 돌아왔다. 세월을 되돌려 젊어 보이려는 총리의 모습을 비판적으로 보는 사람도 많았지만, 에너지와 활기를 되찾으려는 모습을 긍정적으로 평가하는 사람들도 있었다.

화, 텔레비전 방송에 나오는 유명인들을 본보기로 삼아 따라 하고는 합니다. 유명인들은 미용 성형 시술을 받았다는 사실을 부정하기도 하는데, 이들이 받는 미용 시술의 가격은 상상을 초월하는 액수입니다.

젊은 여성들에게 가장 인기 있는 시술은 얼굴과 몸에서 특정 부위

3. 왜 타고난 외모를 바꾸려고 할까요? | 51

> **알아두기**
>
> - 성형 시술을 받으려는 10대 청소년이 늘고 있다. 2003년에는 미국의 18세 이하 청소년 가운데 약 33만 6,000명이 어떤 종류이든 미용 성형 시술을 받았다. 이것은 2002년보다 50퍼센트 증가한 수치이다.
> - 결혼 정보 잡지인 〈유 앤드 유어 웨딩〉에 따르면, 영국 여성의 7퍼센트가 결혼 전까지 코 성형 수술을 받을 계획이고 8퍼센트가 가슴 확대 수술, 5퍼센트는 가슴 축소 수술을 받을 예정이라고 답했다.

의 크기 및 생김새를 바꾸는 것입니다. 특히 코와 가슴이 주된 부위입니다. 그런데 실제로 코와 가슴 성형이 유행한 지는 그리 오래되지 않았다고 해요. 오늘날에는 끝이 살짝 들린 작은 코가 예쁘다고 여기지만 과거, 예컨대 고대 로마의 초상화에 등장하는 미인들은 하나같이 크고 툭 튀어나온 매부리코를 하고 있습니다. 또한, 여성의 가슴은 제각기 생김새나 크기가 다양한 것이 당연한데도 오늘날에는 가슴이 깊이 파인 옷이 유행하기 때문에 그런 옷에 어울리는 둥글고 도드라진 가슴 모양이 인기를 끌고 있습니다. 그런 가슴이 극단적이거나 부자연스러워 보이더라도 상관없다는 것이지요.

그러나 경쟁이 심한 현대 사회에서 외모는 사람의 능력을 판단하는 기준으로 작용하는 것이 사실입니다. 젊은이들은 이 경쟁에서 이겨야만 좋은 일자리를 얻고 원만한 사회생활을 유지할 수 있을 것으로 생각하게 되지요. 이런 목적을 위해서 미용 성형을 하는 것이 과연 잘못일

함께 토론해 봅시다!

"삶이 지겨워지고 몸이 축 늘어지거나 처지는 기분이 들 때면, 나는 달려가서 집고 부풀리고 잡아당기는 시술을 받는다."

― 돌리 파튼(가수)

"나는 절대로 성형 수술을 받지 않을 것이다. 나의 어머니와 시어머니는 아주 오래 사셨고, 이분들의 얼굴은 인생이 담긴 지도이다. 나도 그렇게 되기를 바란다."

― 케이트 모스(소설가)

여러분의 생각은 어떤가요?

까요? 실제로 중국에서는 외모가 뛰어날수록 보수가 좋은 일자리를 얻는 경향이 있습니다. 그래서 중국의 젊은 여성들은 일자리 기회를 잡기 위해 미용 성형 수술을 받고 싶어 하지요.

그러나 미용 성형이 항상 만족스러운 결과를 불러온 것은 아니었습니다. 예를 들어 가슴 확대술의 경우, 시간이 흐를수록 수술 상처가 두드러지고 딱딱해져서 원래 피부처럼 자연스러워 보이지 않기 때문에 몇 년에 한 번씩 보형물을 교체해 주어야 했습니다. 반대론자들은 젊은 여성이야말로 제일 외모를 바꿀 필요가 없는 사람들이라고 주장합니다. 젊고 활기찬 본래 모습 그대로가 가장 아름답다는 것이지요.

미용 성형에 찬성하는 사람 중에서도 젊은이들은 섣불리 수술하기보다 얼굴과 몸이 나이를 먹으며 바뀌는 것을 지켜볼 필요가 있다고 말하는 사람들이 있습니다.

레드 카펫 위에 선 데미 무어의 모습이다. 영화배우라는 직업에서 매력적인 외모를 선보이는 것은 중요하기 때문에 많은 배우들이 미용 성형 수술의 유혹을 뿌리치지 못한다.

사례탐구 여배우라면 성형은 필수?

  할리우드의 거물 유명인들이 젊음을 유지하고 외모를 더욱 매력적으로 보이게 하려고 미용 성형에 의지한다는 사실은 공공연한 비밀이다.

  특히 나이 든 여배우들은 수술을 받지 않으면 안 된다는 심리적 압박에 시달린다. 영화 산업은 더 젊은 배우를 선호한다. 여배우가 일단 40세를 넘으면 아무리 재능이 있다고 하더라도 주연 배우로 뽑히기는 어렵다. 남성 배우들이 나이가 들수록 연륜을 인정받는 현상과 대조를 이룬다. 이런 상황에서 여배우들은 젊고 아름다운 외모를 유지해야 한다는 불안감에 너도나도 미용 성형 시술을 받게 되는 것이다.

  유명인들은 보톡스 주사나 주름 제거 수술을 받았다고 밝히기도 하지만 대부분은 건강한 식생활, 엄격한 운동과 몸 단련으로 외모가 나아졌다고 말하고 싶어 한다. 팬들도 상당수가 자신이 좋아하는 스타의 외모가 예전보다 매력적으로 보이는 것이 미용 성형 덕분이라고는 믿지 않으려 한다.

  기사를 보면 영화배우 데미 무어는 미용 성형에 30만 달러를 들였다고 한다. 가슴 보형물, 지방 흡입, 이마를 볼록하게 하는 수술, 화학 박피술, 콜라겐 주사, 미용 목적의 치과 수술 등 그 종류도 다양하다. 데미 무어는 또한 영양사, 요가 선생, 엄격하게 계획된 운동을 하면서 좋은 몸매와 건강을 유지하도록 도와주는 트레이너 같은 많은 전문가를 고용하고 있다.

  하지만 수술을 받고 4년이 지났을 때 무어는 자신의 외모와 몸매는 마음에 들지만, 여전히 한창때 도맡던 주인공 역에는 발탁되지 않는다고 푸념했다. 요즈음 무어는 영화계의 나이 차별주의(나이 든 사람을 차별하는 것)에 대항해야 한다고 주장하고 있다.

간추려 보기

- 동서고금을 막론하고 사람들은 자신의 외모를 나아 보이게 하려고 노력한다.
- 미용 성형 시술을 받는 사람의 대부분은 자신의 외모가 좀 더 개선되기를 원한다.
- 미용 성형의 가장 큰 고객층은 나이 든 여성이지만, 최근에는 젊은 여성과 남성의 수도 늘고 있다.

외모가 나아지면 행복해질까요?

CHAPTER 4

미용 성형이 자기 스스로에 대한 만족감과 자신감을 높여 주는 것은 사실입니다. 외모가 변화하면 인생을 어둡게 하는 감정적, 정신적인 문제도 해결될 것이라 믿는 사람도 많지요. 하지만 정말로 미용 성형이 사람들의 심리적 문제를 해결해 줄까요? 단지 헛된 희망만 부풀리는 것은 아닐까요?

자신의 외모에 만족한다면, 자기 자신을 긍정적으로 바라보고 인생과 주변 환경에 충족감을 느낄 것입니다. 반대로 자신의 외모에 불만을 품는다면, 자신감을 잃고 **자아 존중감**도 낮아지겠지요. 미용 성형 시술을 받은 사람들 가운데 상당수는 시술을 받은 뒤 자신감이 생기고 행복과 만족감을 느끼게 되어 인생이 크게 바뀌었다고 말합니다.

성형외과 의사가 한 여성의 얼굴 위에 절개해야 할 부위를 표시하고 있다.

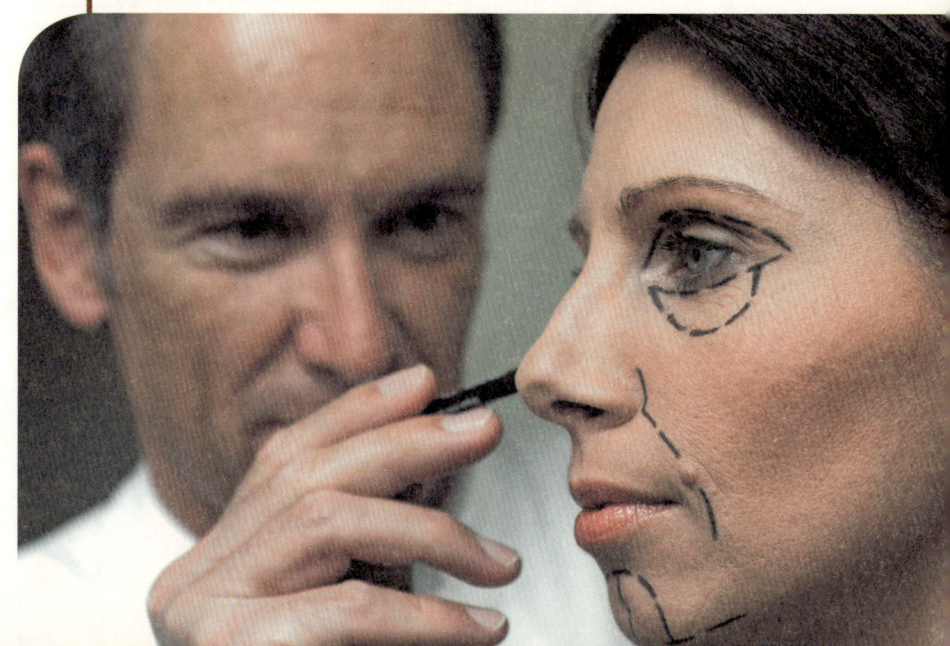

자신감과 자아 존중감

미용 성형을 지지하는 의견을 뒷받침하는 가장 강한 근거로 자신감과 자아 존중감을 들 수 있습니다. 성형은 외모뿐만 아니라, 그 사람의 인생에 대한 태도와 자신에 대한 느낌 역시 바꾼다는 것입니다. 기분이 나쁘거나 언짢을 때 혹은 외모 때문에 놀림이나 괴롭힘을 당할 때 사람들은 자신감을 잃고 자아 존중감도 곤두박질칩니다. 예를 들어 어떤 소녀는 자신의 코 모양이 이상하다고 생각할 수 있습니다. 그리고 어떤 젊은 여성은 가슴이 너무 작거나 너무 크다고 생각할 수 있으며, 어떤 여성은 아이를 낳고 나서 살이 찌는 바람에 배우자와 사이가 멀어졌다고 느낄 수 있습니다. 그뿐만 아니라 젊은 남성들 역시 비슷한 고민에 시달리곤 합니다. 미용 성형은 이러한 사람들의 외모를 개선해 자신감과 자아 존중감을 높이고 그들이 맞닥뜨리는 다른 문제에도 더 나은 해답을 찾을 수 있도록 도와줍니다.

미용 성형은 자신을 대하는 방식에 큰 변화를 불러일으키는 수단이 되기도 합니다. 수술을 하고 나면 외출에 자신감이 생기고 연애와 일, 가족 관련 문제에서도 성공을 거두기 쉬워지므로 자연히 자아 존중감도 높아집니다. 외모 면에서의 변화가 작은 것일지도 모르지만, 많은 사람이 미용 수술 후에 긍정적인 효과를 보는 것은 사실입니다.

하지만 행복이란 사실상 외모와 큰 관련이 없습니다. 그보다는 사람의 인격과 살아가는 방식이 행복한 삶을 살아가기 위한 중요한 요소이지요. 외모가 훌륭하지 않아도 행복하고 자신감 있게 사는 사람이 많은데, 이들은 외모 대신 가족, 친구, 취미, 스포츠, 공부, 일, 여행 같은 다

인기 영화배우인 케이트 윈슬렛은 미용 성형 시술을 받지 않겠다고 말한다. 배우란 현실 속의 인물을 연기해야 하고 진실해야 한다는 것이 그 이유이다.

른 것에 집중하기 때문입니다. 반면에 외모에 더 큰 비중을 두는 사람들은 끊임없이 자신의 외모를 고치려고 애쓰고 다른 사람들과 비교하기 때문에 불만족을 느낄 가능성이 큽니다.

사례탐구 엄마들의 '터미 턱' 수술

마리아는 최근 몇 년 동안 두 아이를 출산했다. 건강하고 예쁜 아이들을 보면서 행복하고 자신감에 넘칠 만도 하지만, 사실은 그렇지 않았다. 한때 마리아는 몸매가 날씬하고 하늘하늘했는데 두 번 출산한 이후 살이 쪘다. 특히 늘어진 뱃살만 보면 모든 의욕을 잃고 우울해졌다. 마리아는 이렇게 말했다.

"마치 오래된 침대 매트리스에 칠면조 껍질이 가득 덮인 것 같았어요. 보기만 해도 역겹더라고요."

마리아는 자신감이 땅에 떨어졌고 자아 존중감도 잃어버렸다. 예전에는 유행하는 옷을 입어 보기를 좋아했지만, 점점 헐렁한 윗옷과 체육복 바지를 주로 입기 시작했다.

마리아의 남편은 아내를 위로하려고 했지만 어떤 말을 건네도 기분이 나아지게 해 줄 수는 없었다. 우울해하던 마리아는 결국 정신과 의사에게 항우울제를 처방 받으러 갔다. 그런데 놀랍게도 의사는 마리아에게 외과 의사를 추천했고, 외과 의사는 마리아에게 아랫배의 늘어진 부분을 제거하는 '터미 턱' 수술을 권했다.

이 수술로 복부에서 2킬로그램에 달하는 지방과 피부를 떼어 낸 뒤, 마리아의 몸매는 즉시 달라졌다. 마리아는 다시 예전처럼 입고 싶은 옷을 마음껏 입을 수 있게 되었다. 하지만 진정으로 달라진 것은 마리아가 자기 자신에 대해 느끼는 감정이다. 마리아는 이렇게 말한다.

"이제 저는 당당하며 자신감이 넘치고, 더는 외모 때문에 우울해하지 않게 되었어요."

감정적인 문제 해결하기

미용 성형이 자기 스스로에 대한 만족감과 자신감을 높여 주는 것은 사실입니다. 외모가 변화하면 인생을 어둡게 하는 감정적, 정신적인 문제가 해결될 것이라 믿는 사람도 많지요. 하지만 정말로 미용 성형이 사람들의 **심리적** 문제를 해결해 줄까요? 단지 헛된 희망만 부풀리는 것은 아닐까요?

실제로 미용 성형이 인생을 바꿔 준다는 믿음은 비현실적인 경우가 많습니다. 근본적인 문제를 해결하지 않고 외모에 변화를 주는 것만으로 인생을 바꿀 수 있다고 생각하는 것이지요. 감정적인 문제는 미용 성형이 아닌 다른 방식으로 치료하는 것이 장기적으로 도움이 될 수 있습니다. 예를 들어, 상담을 받거나 약물 등의 치료를 받을 수도 있고 식

전문 치료사와 상담을 하면 자신의 공포 및 불안의 근원을 파악할 수 있게 되어 감정적, 정신적인 문제를 해결하는 밑거름이 된다. 이런 상담 치료는 무조건 미용 성형 시술을 받는 것보다 좋은 해법이다.

생활을 개선하고 운동하는 것도 좋은 방법이 될 수 있습니다.

 미용 성형 찬성론자들도 이 점에는 동의합니다. 미용 성형은 그 자체로 문제의 근본적인 해결책이 될 수는 없습니다. 책임감 있는 의사와 의료 전문가라면 미용 성형을 원하는 사람들의 말에 귀 기울이고, 정확하게 어떤 수술이 가능하고 또 불가능한지 설명해야 합니다. 이런 과정을 통해 수술이 환자에게 실질적인 도움이 되지 않거나 환자가 비현실적인 기대를 하고 있다는 판단이 들 경우, 의사와 전문가들은 수술 절차를 더 진행해서는 안 됩니다. 하지만 현실에서는 언제나 이렇게 되지는 않습니다. 때로는 환자가 수술하겠다는 의지가 너무 확고해서 수술해 주겠다는 의사가 나타날 때까지 병원들을 돌아다니기도 합니다. 미용 성형이 외모의 단점을 교정하고 젊어 보이게 할 수는 있지만, 그 효과가

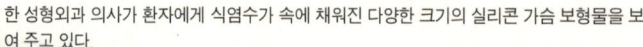

한 성형외과 의사가 환자에게 식염수가 속에 채워진 다양한 크기의 실리콘 가슴 보형물을 보여 주고 있다.

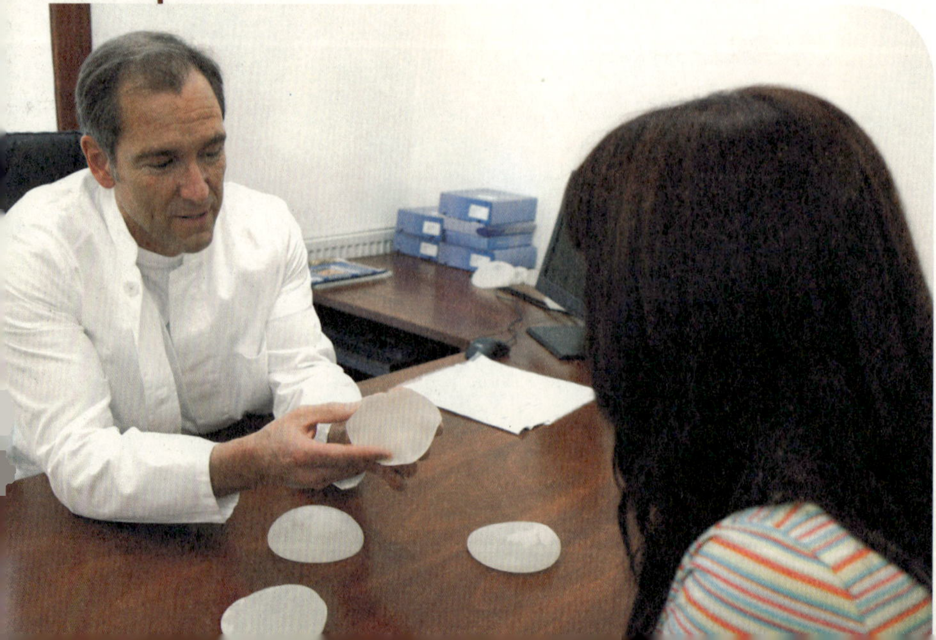

반드시 영구적인 것은 아닙니다. 수술을 받은 후 나이가 더 들어서 수술의 효과가 잘 드러나지 않게 된다면, 어떤 일이 벌어질까요? 수술을 다시 받으려 하지 않을까요?

또한, 미용 성형이 자신에게 도움이 되지 않았다고 말하는 사람들도 있습니다. 외모가 바뀌었지만, 그 결과 행복해지거나 자신감이 생기지 않은 것입니다. 미용 성형 시술을 받은 뒤로 더 불행해지는 사람도 있

함께 토론해 봅시다!

"수술은 내 안에 있는 고민거리를 해결하는 열쇠가 되었다. 수술하고 나서 나는 조금 성장했고, 어떤 것이 중요하고 그렇지 않은지 기준을 얻었다. 물론 수술이 언제나 좋다는 것은 아니다. 하지만 나에게는 최선이었다. 수술은 내 인생을 바꾸었다."

— 애덤 밀라드(2005년 미용 성형 시술을 받음)

"저는 쉰에 가까워지면서 나에 대한 생일 선물로 주름 제거 수술을 하기로 했어요. 이 수술이 활기를 북돋아 줄 것으로 생각했지만, 막상 수술하고 나자 늙어 간다는 사실을 실감하게 더 기분이 안 좋아졌어요. 그동안 육체적인 겉모습에 치중해 왔는데, 정작 주름 제거 수술을 받아도 기분이 나아지지 않자 더 불안해졌어요."

— DH(2008년 시애틀에서 라디오의 고민 상담가에게 보낸 편지)

여러분의 생각은 어떤가요?

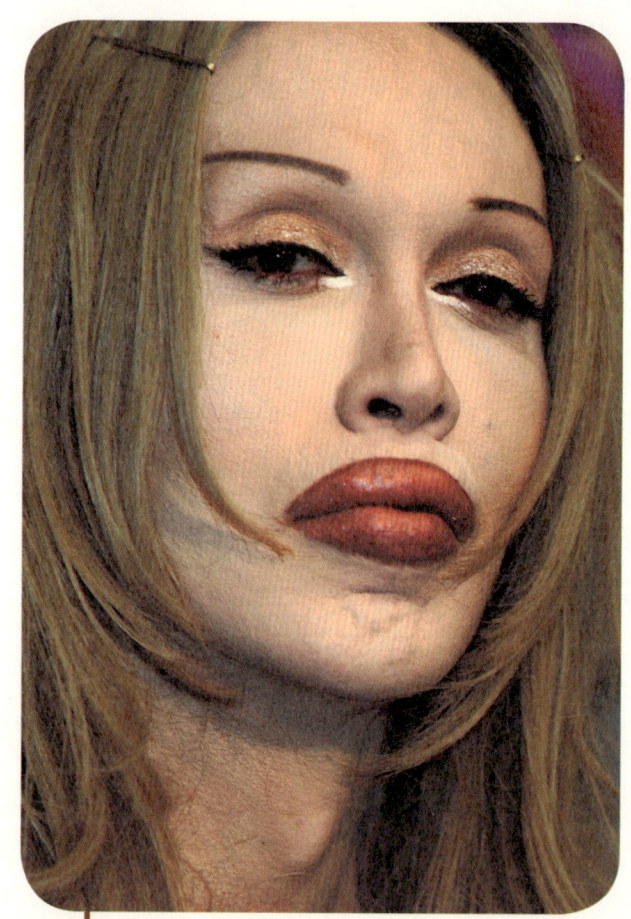

한때 인기 팝 가수였던 피트 번스는 2006년 영국 텔레비전의 리얼리티 쇼 〈셀레브리티 빅 브라더〉에 모습을 드러내면서 다시 유명세를 탔다. 번스는 여러 번의 코 수술, 뺨 보형물 시술, 입술 주사 등 광범위한 시술을 받았다. 2006년, 번스는 입술 시술이 잘못되어 재건 수술을 받은 지 18개월째라고 고백했다. 그리고 자신을 담당한 성형외과 의사를 상대로 소송해 9억여 원의 배상금을 받았다.

습니다. 예를 들어, 어떤 사람들은 시술을 받지 않으면 허전함을 느끼고, 반복해서 시술을 받아도 만족하지 못합니다. 하지만 찬성론자들은 미용 성형이 변화의 첫 단추가 될 수 있다고 이야기합니다. 외모를 개선함으로써 다른 감정적인 문제들과 맞서 싸울 자신감을 얻게 된다는 것입니다.

극단적인 미용 성형

어떤 사람들은 성형하고 나서도 계속해서 수술을 받습니다. 외모를 바꾸는 것이 인생의 낙이 된 것입니다. 모델이나 여배우들은 대개 처음에는 직업적인 이유로 코를 곧게 하거나 입술을 도톰하게 하는 등 외모를 개선하려고 합니다. 이렇게 하면 매력적인 모습으로 사진에 찍히거나 영화나 연극에서 바라던 역을 따낼 수 있다고 생각하기 때문이죠. 그런데 한 번 성형을 받은 사람 가운데는 계속 성형을 해서 외모를 바꾸는 이들도 있습니다. 이런 사람들에게 성형은 생활의 일부가 됩니다.

이것은 자기표현일까요, 아니면 집착일까요? 브라질의 모델이자 삼바 댄서인 안젤라 비즈마르시는 인기인이라면 평생 외모를 아름답게 바꾸어야 한다고 주장합니다. 안젤라는 21세부터 15년 동안 성형 수술을 40번 받았습니다. 심지어 일본인이 브라질로 이주해 온 100주년을 기념한다는 이유로 눈을 일본인처럼 보이게 하려고 눈에 나일론 줄을 이식한 적도 있습니다. 성형에 대한 이런 열정 덕분에 안젤라는 브라질에서 이미 유명인입니다.

가슴 아픈 일을 겪거나 과거에서 벗어나기 위해 미용 성형을 선택하

뉴욕 사교계의 명사인 조슬린 와일든스타인은 거액의 비용을 들여 자신의 외모를 고양잇과 동물처럼 바꾸고자 했다.

는 사람도 있습니다. 예를 들어 50세에 이혼을 겪은 조슬린 와일든스타인은 평소에 동경하던 살쾡이, 치타와 닮은 외모로 바꾸겠다고 다짐했습니다. 와일든스타인은 그 뒤 몇 년 동안 외모를 고양잇과 동물로 바꾸는 성형 수술에 200만 달러를 쏟아 부었고, 이 과정에서 그녀는 전 세

> **알아두기**
>
> 미국 캘리포니아 대학교 정신의학 교수인 제이미 퓌스너 박사는 전 세계 인구의 1~2퍼센트가 신체 이형 장애라고 주장한다. 이 장애를 일으키는 원인은 유전적 요인일 것으로 추정된다.

계적으로 유명해졌습니다.

사람들이 미용 성형에 중독되거나 정신적인 병을 앓게 되는 일도 있습니다. 가장 눈에 띄는 문제는 자기 외모에 지나치게 집착하는 **신체 이형 장애**입니다. 신체 이형 장애가 있는 사람들은 거울 속(또는 상상 속) 자신의 모습에서 육체적인 결점을 찾아냅니다. 피부나 코, 이마 등 신체 부위가 마음에 들지 않는 것이지요. 신체 이형 장애가 있는 사람들은 외모를 치장하는 데 많은 시간을 보내고, 우울해하거나 집에 틀어박히기도 합니다. 이들은 미용 성형이 유일한 해결법이라고 생각하고 육체적인 고통과 경제적인 비용도 상관하지 않고 성형을 합니다.

물론 이런 사례는 극단적이고 드문 예이지요. 전문가가 볼 때 불필요한 의학적 처치를 원하는 신체 이형 장애는 정신적인 질병입니다. 경험 많고 자격을 갖춘 성형외과 의사라면 이러한 장애가 있는 사람을 알아차리고 비윤리적이라는 이유로 수술을 거부할 것입니다. 하지만 성형하기로 일단 결심한 사람들은 수술을 받기 위해 양심 없는 의사나 자격 없는 시술자를 어떻게든 찾아낼 수 있습니다. 찬성론자들은 미용 성형을 받는 사람들 대부분은 신체 이형 장애 같은 정신 질환을 앓고 있지 않으며, 극단적인 사례를 들어 미용 성형의 정당성을 판단하는 것은 잘못이라고 주장합니다.

간추려 보기

- 미용 성형을 지지하는 사람들은 성형이 외모를 개선할 뿐 아니라 자신감과 자아 존중감도 높여 준다고 이야기한다.
- 미용 성형에 대해 비현실적인 기대를 품는 사람들은 대부분 심리적인 문제를 함께 안고 있다.
- 일부 사람들은 성형에 중독되어 극단적인 형태의 미용 성형 시술을 받기도 한다.

5
CHAPTER

미용 성형이 잘 팔리는 세상

규제가 약하고 접근이 쉽다는 점 때문에 인터넷에 떠도는 미용 성형 광고는 비윤리적이고 과장되거나 조작되는 경우가 많습니다. 그리하여 인터넷 광고는 사람들을 현혹해 끌어들일 수 있도록 자극적으로 만들어지곤 합니다.

다른 산업들과 마찬가지로 병원이나 치료 센터도 잠재적인 고객들에게 미용 성형 서비스를 열렬히 홍보합니다. 그리하여 최근에는 신문, 라디오, 텔레비전, 인터넷 등 온갖 매체에 미용 성형 광고가 넘쳐나고 있지요. 성형에 대한 광고는 아름다움과 매력을 강조하는 여성 잡지에 제일 많이 실립니다. 영국에서는 온라인뿐만 아니라 가판대에서도 성형 전문 잡지가 잘 팔린다고 합니다.

광고

제일 인기 있는 광고 기법은 시술 전과 후의 모습이 어떻게 변했는지 비교해서 보여 주는 것입니다. 시술 전 사진에서 모델 여성은 우울한 표정에 부스스한 머리를 하고 화장하지 않은 채 초라한 옷을 걸친 경우가 많아요. 하지만 시술 후 사진에서는 같은 여성이 기적적으로 변신합니다. 외모도 변했지만 멋진 머리 모양과 세련된 화장을 하고, 유행하는 옷을 입고선 자신 있게 활짝 웃고 있는 모습이지요.

점차 세계 각국은 비윤리적인 미용 성형 광고를 규제하기 시작했습니다. 1999년에 오스트레일리아의 뉴사우스웨일스 주 당국은 사람들을 현혹하는 광고, 특히 시술 전후의 사진을 조작하는 광고를 집중적으로 단속하기로 했습니다. 광고 가운데에는 심지어 시술의 효과를 속이기 위해 시술 전후 사진에 각각 다른 모델을 쓰는 일도 있었습니다.

2007년, 영국의 소비자 단체는 일부 대형 병원이 불법 광고를 하고 있다고 밝혔습니다. 예를 들어서 더 많은 고객을 끌어들이기 위해 한 가지 시술을 받으면 두 가지를 한꺼번에 해 주기도 하고, 특정 날짜에 예약하면 비용을 파격적으로 할인해 주는 식이지요. 미용 성형 협회는 자극적인 광고를 자제하자는 약속을 지키지 않는 광고가 증가했다는

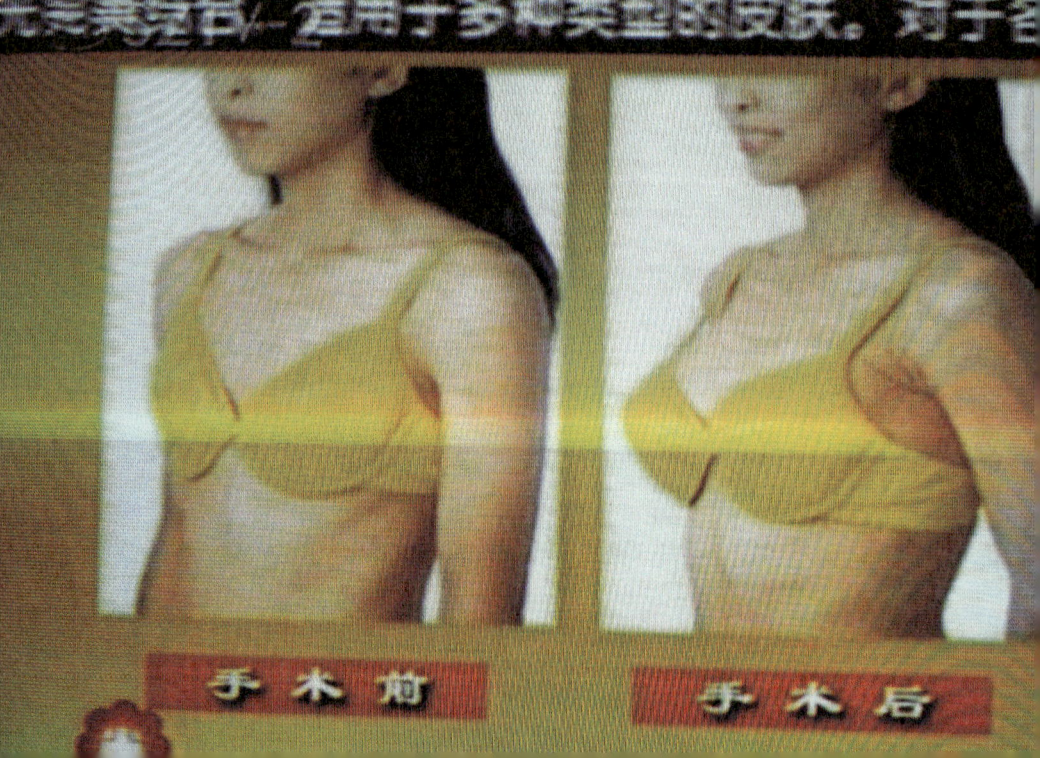

시술 전과 후의 사진을 비교하는 것은 주변에서 흔히 볼 수 있는 미용 성형 광고이다. 하지만 이런 광고는 사람들을 현혹해 불필요한 시술을 받게 한다는 문제가 있다.

점을 인정했습니다.

인터넷

오늘날 가장 널리 퍼진 인기 있는 광고 매체는 인터넷입니다. 인터넷은 1990년대부터 성장해 사업체와 고객을 빠르게 연결해 주며 모든 종류의 상품과 서비스를 광고하는 국제적 중심지가 되었지요. 미용 성형도 예외는 아닙니다. 인터넷 홈페이지를 만들면 비용을 많이 들이지 않고도 새로운 고객을 빠르게 확보할 수 있습니다.

인터넷 광고는 얼마나 믿을 만할까요? 대부분 국가에서는 신문, 라디오, 텔레비전을 통한 광고에 어느 정도의 규정을 정해 두고 있습니다. 하지만 인터넷 광고는 대개 규제하지 않습니다. 규제가 약하고 접근이 쉽다는 점 때문에 인터넷에 떠도는 미용 성형 광고는 비윤리적이고 과장되거나 조작되는 경우가 많습니다. 그리하여 인터넷 광고는 사람들을 현혹해 끌어들일 수 있도록 자극적으로 만들어지곤 합니다.

인터넷은 또한 미용 성형 시술을 받고자 하는 사람들에게 선택의 장을 열어 주는 역할을 합니다. 그리하여 수술을 받으러 외국에 나가는 사람들도 많아졌습니다. 미용 성형 찬성론자들은 광고 가운데 거짓 광고도 있기는 하지만, 오늘날 소비자들은 광고의 홍수 속에 살아가는 터라 광고의 수법을 꿰뚫어 보고 허위·과장 광고를 판별해 낼 수 있다고 주장합니다. 결국, 부정직하고 비윤리적인 광고는 소비자들의 선택을 받지 못해 자연히 사라진다는 것이지요.

함께 토론해 봅시다!

"사회생활을 하는 데 인상과 외모는 매우 중요하며, 이것은 자신감과도 연결된다. 외모를 개선하기 위해 돈을 투자하는 것은 승진과 출세를 위한 좋은 방법이 되기도 한다."

– 안토니오 아르마니(성형외과 의사)

"의사들이 당뇨병이나 고혈압 환자를 한 시간 진찰하면 100달러를 받지만 같은 시간 동안 보톡스 주사를 놓아 주면 2,000달러를 받을 수 있다는 사실은 유감스러운 일이다."

– 에릭 C. 팔럿(피부과 의사)

여러분의 생각은 어떤가요?

블로그와 채팅방

인터넷 블로그와 채팅방은 이미 미용 성형을 받은 사람과 수술을 받을지 망설이는 사람들이 서로 이야기할 수 있는 공간을 마련해 줍니다. 사람들은 좋든 나쁘든 자신의 경험담을 쓰고 궁금한 것을 물어보고 답하며, 추천할 만한 국내 또는 외국의 의사와 병원을 소개합니다. 사람들은 자신과 비슷한 삶을 사는 다른 사람들의 입에서 나온 말을 가장 신용하는 경향이 있습니다. 인터넷은 사람들이 다양한 의견을 접하고 미용 성형으로 자신이 원하는 것을 얻을 수 있을지 결정할 수 있는 장이 됩니다. 물론 이런 현상은 적극적으로 정보를 공유할 수 있다는 점에서

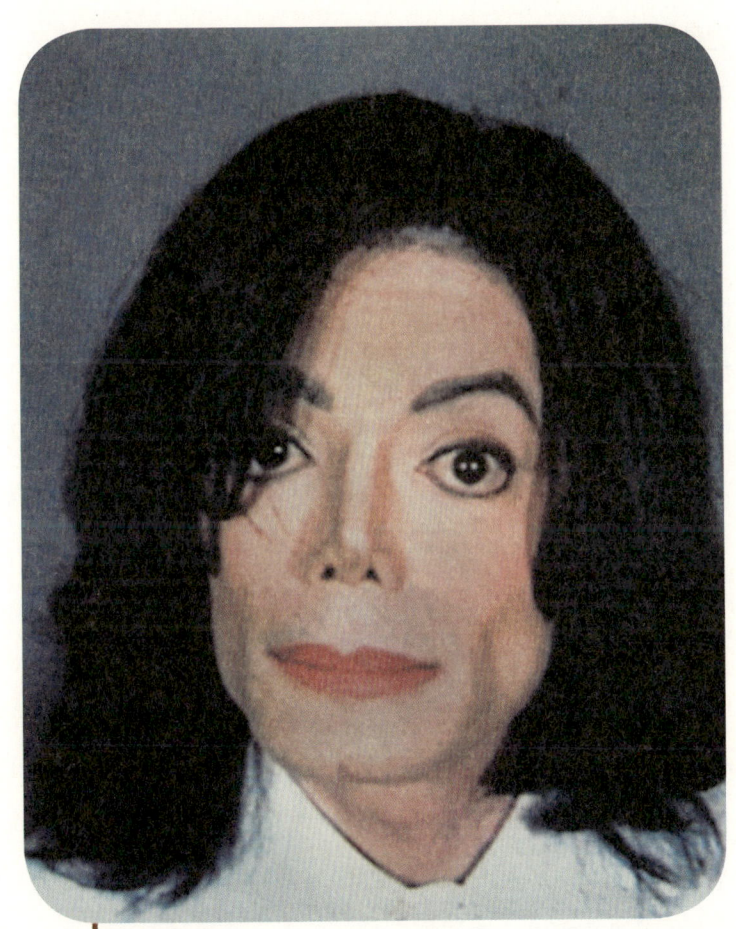

마이클 잭슨은 완전히 변한 외모 때문에 성형 중독자라는 오해를 샀지만, 그가 사망한 뒤에 비로소 백반증(멜라닌 색소 파괴로 백색 반점이 나타나는 후천적 탈색소성 질환) 환자였음이 밝혀졌다.

긍정적으로 평가할 만합니다. 하지만 인터넷에서 나누는 의견이 여론에 이끌려 한쪽으로 치우치거나, 특정 병원의 후원을 받은 홍보성을 띠고 있지 않은지 충분히 따져 봐야겠지요.

언론과 유명인

우리가 언론에서 접하는 유명인들의 영향력은 미용 성형을 선전하는 과정에서 아주 중요합니다.

많은 유명인이 젊고 아름다워 보이기 위해, 또 사진에 멋지게 찍히려고 미용 성형 시술을 받아 왔어요. 한때는 성형을 받았다는 사실을 부끄러워하여 숨기곤 했지만, 오늘날에는 얼굴에 손을 댔다는 사실을 인정하고 자신의 동기와 경험을 터놓고 이야기하는 사람이 늘었지요.

이제는 눈이나 코 등 어느 한 군데라도 미용 성형 수술을 받지 않은 유명인을 찾아보기 어려울 정도가 되었습니다. 유명인들은 끊임없이 사진에 노출되기 때문에 외모의 변화가 생기면 분명하게 알아볼 수 있고, 미용 성형을 했다는 이유로 비난을 받기도 합니다.

그러나 유명인들이 수술을 받는 이유는 직업적인 특성 때문이며, 점점 경쟁이 심해지는 세상에서 재능이나 경험보다 외모가 더 중요하게 여겨지기 때문이라고 말하는 사람들도 있습니다. 하지만 이런 동기를 인정하는 것은 유명인들 가운데 몇몇에 지나지 않습니다. 대개는 '자신을 위해' 수술을 받았다고, 즉 예전부터 느껴 왔던 외모 콤플렉스를 교정하거나 자신감과 자아 존중감을 북돋우기 위해 성형했다고 이야기합니다. 또 수술을 할 돈이 마침 충분했기 때문에 했다고 말하는 사람들도 있습니다.

유명인들은 미용 성형이 생활 방식의 하나일 뿐이라고 주장하기도 합니다. 그러다 보니 이들을 따라 성형 시술을 받는 팬들도 많아지고 있습니다. 어떤 유명인이 주름 제거 수술을 받거나 가슴 확대술 또는

사례탐구 《예쁜 우리 엄마》

　마이클 잘츠하우어 박사는 미국 플로리다 주에서 활동하는 성형외과 의사이다. 그는 주름 제거 수술, 터미 턱, 박피술, 보톡스 주사에 이르는 미용 성형 시술을 전문으로 하는 개인 병원을 운영하고 있다. 또 미용 성형에 대한 전문적인 조언자로 텔레비전이나 라디오 프로그램에 정기적으로 출연하거나 잡지에 등장하기도 한다.

　2008년, 잘츠하우어 박사는 아이들을 대상으로 하는 《예쁜 우리 엄마》라는 책을 저술했다. 이 책의 주제인 '엄마의 대변신'은 미용 성형 업계에서 아주 인기 있는 분야이다. 출산하고 난 여성들은 아이를 가지기 전보다 몸 상태가 나빠지고 매력이 감소했다고 이야기한다. 그래서 이들은 미용 성형을 받아 얼굴을 젊어 보이게 하고 군살 없는 몸매를 만들고자 한다.

　잘츠하우어 박사는 이와 관련해 아이들이 엄마가 성형 시술을 하는 것에 스트레스나 상처를 받을 수 있다고 말한다. 실제로 《예쁜 우리 엄마》는 아이들이 엄마의 성형 수술 과정을 견뎌 내는 데 도움을 준다. 엄마의 바뀐 외모나 수술 직후에 접하는 붕대 감은 모습과 멍든 피부에 겁먹지 않게 하는 것이다.

　그러나 잘츠하우어 박사의 책 내용에 대해 냉소적인 의견도 있다. 감수성이 예민한 아이들이 미용 성형에 익숙해지도록 해서 어린 나이부터 성형을 '자연스러운' 일이자 '정상적'인 경험으로 받아들이게 한다는 것이다. 다시 말해, 이 책은 아직 어리고 이리저리 흔들리기 쉬운 미래의 고객들에게 미용 성형을 판매하려는 하나의 수단일 뿐이라는 것이다.

《예쁜 우리 엄마》는 2008년에 출판되었다. 이 책의 목적은 어린이들에게 미용 성형을 설명하는 것이다.

터미 턱 수술을 받았다면 무조건 똑같이 하고 싶어 하는 것입니다. 똑같은 시술을 받으면 그 유명인과 닮을 수 있다고 생각하는 것일까요? 잡지나 웹사이트들은 일반인들이 최신 성형 시술에 대한 정보를 따라잡을 수 있도록 정보를 제공해 줍니다. 성형 찬성론자들은 유명인을 따라 하려는 사람들의 욕구를 자연스러운 충동이라고 말하지만, 반대론자들은 그러한 기대는 단지 비현실적이며 실현 불가능한 열망을 키울 뿐이라고 주장합니다.

외모 대변신 쇼

언론은 또 다른 방식으로 미용 성형을 부추기기도 합니다. 최근 들어 일반인의 외모를 변신시키는 텔레비전 리얼리티 쇼 프로그램이 유행하고 있습니다. 과거에는 이런 대변신 쇼의 주제가 집이나 자동차를 더 좋게 꾸미는 데 한정되었다면, 이제는 개인이 대변신의 대상이 된 것이지요.

이런 방송들은 대개 형식이 비슷합니다. 먼저 출연자에게 자기 자신을, 혹은 주변 사람에게 쇼 출연자를 매력적이지 않고 자신을 잘 꾸미

외모 대변신 쇼는 참가자의 외모를 개선하기 위해 미용 성형을 이용한다. 반면 영국의 패션 전문가인 곡 완이 진행하는 방송은 적절한 화장과 멋진 옷을 입히고 긍정적인 태도를 불어넣어 참가자가 성형수술을 하지 않고도 자신의 신체를 있는 그대로 사랑할 수 있도록 변신시킨다.

지 못하며 바람직하지 않고 또는 나이가 너무 많다는 식으로 묘사하게 합니다. 그리고 스타일리스트, 미용사, 성형외과 의사, 치과 의사, 피부과 의사로 구성된 전문가팀이 주인공의 외모를 변신시킵니다. 방송 초

> ### 알아두기
>
> 예일대학교 의과대학의 존 퍼싱 박사가 연구한 바로는, 인기 있는 대변신 쇼의 시청률이 올라갈수록 시청자들은 점점 미용 성형에 관심을 보인다.
>
> 또 미용 성형을 다루는 텔레비전 리얼리티 쇼 프로그램들은 시청자에게 성형에 대해 근거 없는 기대를 품게 하고 여러 선택지에 대한 광범위한 정보를 제공한다고 밝힌다.

기에는 주인공에게 어울리는 세련된 화장을 하거나 머리 모양을 새로 바꾸고 멋진 옷을 입히는 것이 전부였습니다. 하지만 방송이 진행되면서 수위는 점점 높아져 화학 박피술이나 보톡스 주사 같은 시술로 이어졌고, 이제는 여러 번에 걸친 대수술도 감행하기에 이르렀습니다. 이마를 볼록하게 하는 수술이나 코 수술, 치아 임플란트까지 수술의 종류도 다양하지요.

시청자들의 반응은 대조적입니다. 미용 성형을 찬성하는 사람들은 이런 방송이 보통 사람들에게 외모를 개선할 수 있는 좋은 정보를 제공하고 삶에 긍정적인 영향을 준다고 생각합니다. 주인공으로 등장하는 출연자가 스스로 방송에 참가했으며, 방송이 요구하는 모든 처치를 받아들이는 데 동의했다는 점을 시적합니다. 치열한 경쟁을 뚫고 올라온 출연자들은 수천만 원에 달하는 미용 시술을 공짜로 받습니다. 방송에 출연한 이들은 새롭게 바뀐 외모에 만족하며 자신감도 치솟게 되었다고 자랑스럽게 이야기합니다.

외모 대변신 쇼에서는 먼저 참가자들을 거울 앞에 앉히고 외모의 어떤 부분이 잘못되었으며 어떻게 바꾸어야 하는지 설명한다. 하지만 세월을 되돌려 젊어 보이기 위해 미용 성형에 의존하는 것이 과연 바람직할까?

    하지만 반대론자들은 이런 방송이 미용 성형을 오락거리로 끌어들여 가볍게 인식하게끔 한다고 주장합니다. 출연자들은 거의 미용 성형보다는 상담이나 **치료 요법**이 필요한, 마음이 흔들리기 쉬운 사람들이기 때문이지요. 그래서 출연을 강요당했을 수도 있고, 텔레비전에 너무나 출연하고 싶은 나머지 불합리한 조건도 수락하는 경우가 있을 것입니다. 출연이 결정되면 참가자들의 친구나 가족들은 이들의 외모에 대해 부정적으로 묘사해야만 하는데, 그러다 보니 참가자를 지지하고 용기를 주기보다는 매정하고 잔인한 말을 해야 하는 경우가 많습니다. 그 결과 이들 간의 관계에 금이 가거나 심하면 연을 끊는 일도 생깁니다. 미국에서는 이러한 방송에 출연한 여성이 언니의 심한 말을 듣고 깊은 상처를 받아 자살한 사건도 있었습니다.

또한, 시청률에 의존하는 방송의 특성상 지나친 수준에 이르기도 합니다. 참가자들에게 가벼운 변화를 주기보다는 전후가 확실히 대비되는 변신에 집중하고, 참가자들이 원하지 않거나 경제적으로 감당할 수 없는 시술을 받도록 압력을 가하는 것이지요. 물론 극단적인 방송 내용에 시청자들이 거부 반응을 보여 자체적으로 조정하기도 하지만, 이런 대변신 쇼는 아직도 전 세계 많은 나라에서 인기가 높고, 방송에 참여해 외모를 바꾸고 싶어 하는 사람들은 여전히 넘쳐 납니다.

간추려 보기

- 미용 성형 업계는 상품을 널리 알리기 위해 신문이나 라디오, 텔레비전, 인터넷을 통해 광고한다.
- 정부 기관과 소비자 단체는 미용 성형 업계의 비윤리적이고 기만적인 광고를 제재하기 위해 각종 규제 법안을 마련한다.
- 텔레비전에 등장하는 유명 연예인이나 외모 변신 프로그램은 미용 성형을 더욱 대중적이고 보편적인 현상으로 포장한다.

미용이라는 거대한 산업

미용 성형 시장이 이렇듯 크게 성장한 것은 인터넷의 발달로 시장이 국제적인 범위로 확대되었기 때문입니다. 마우스 클릭 몇 번만으로 성형 시술에 관심 있는 사람들이 전 세계 수백 군데가 넘는 병원에 대한 정보를 찾아볼 수 있습니다.

2장에서 이야기했던 의료 윤리의 원칙 가운데 '정의'가 있습니다. 이것은 귀중한 의료적 자원을 개인이나 사회에 도움이 되도록 공정하게 사용하는 것을 말합니다. 의료적 자원은 더욱 심각하고 생명을 위협하는 질병을 치료하는 데 우선하여 돌아가야 합니다.

가격과 이윤

미용 성형이 1분 1초가 급한 응급 시술인 경우는 드뭅니다. 그러므로 사고 등으로 긴급하게 성형이 필요한 경우를 제외하면, 미용 성형 대부분은 공립 병원이 아닌 개인이 운영하는 사설 병원에서 이루어지지요. 물론 **공공 의료 기관**이 미용 성형의 수요까지 모두 소화하면 좋겠지만, 공립 병원에서는 위중한 병에 걸리거나 사고를 당한 응급 환자에 대한 치료가 우선입니다. 공립 병원의 의사들이 미용 성형 수술에만 매달릴 수는 없으니까요.

이런 점 때문에 성형외과 전문의들도 갈등을 겪곤 합니다. 그들이 의사가 된 것은 대개 사람들이나 사회 전체에 도움이 되기 위해서입니다.

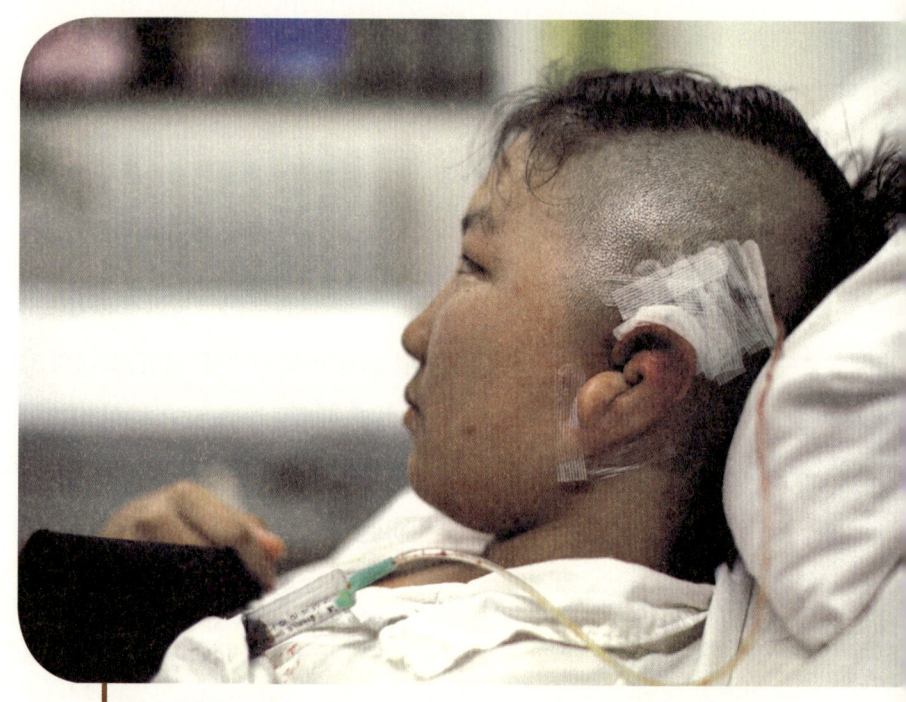

수술은 어떤 종류든 힘들고 위험한 경험이 될 수 있다. 최신 설비를 갖춘 병원에서 훈련받은 전문의에게 수술을 받아도 마찬가지이다. 미용 성형 반대론자들은 불필요한 수술이 사람들의 생활과 건강에 위험을 안긴다고 주장한다.

성형외과 의사들은 공공 의료 영역에서 활동하기도 하지만, 사설 병원을 운영하는 의사도 많습니다. 사설 병원에서는 기본적인 수술로는 수지가 맞지 않으므로, 미용 성형으로 수입을 충당하려 합니다. 사설 병원에서는 환자들의 편의에 맞추어 수술이 이루어질 때가 잦습니다. 큰 도시에는 고객들이 편리한 시간에 수술해 주는 병원들이 있지요. 이러한 사설 병원이 많아지면 경쟁이 일어나므로 소비자로서는 선택의 폭이 넓어진다는 장점이 있습니다.

> **알아두기**
>
> 2007년, 독일 정부는 미용 성형이나 문신, 피어싱의 부작용으로 고통받는 사람들이 자기 돈을 내고 치료하는 경우가 있으며 의사들이 이런 사례를 의료 보험 회사에 보고해야 한다고 발표했습니다.

수요가 점점 늘어나면서 미용 성형은 하나의 커다란 산업으로 떠올랐습니다. 최근 들어 크게 저렴해지긴 했지만, 미용 성형에는 대개 돈이 많이 듭니다. 사람들은 눈과 코의 모양을 바꾸고 가슴을 확대하거나 축소하고 지방 흡입술을 받는 데 많은 돈을 씁니다. 그래서 미용 성형은 소비자를 **착취**한다는 비판을 받기도 합니다. 불필요한 시술에 너무 많은 돈을 내야 하기 때문이지요. 몇 년 동안 돈을 모으거나 큰 빚을 내야만 하는 비싼 시술도 있습니다. 그리고 한 번 시술을 받으면 두 번, 세 번 다시 수술을 받고자 하는 경우가 있는데, 이때마다 비용이 솟구칩니다.

다른 재화나 서비스와 마찬가지로 미용 성형의 수요 역시 경기의 영향을 받습니다. 경제적인 상황이 좋아 돈이 시중에 쉽게 드나드는 시기에 사람들은 비싼 옷이나 스포츠카, 미용 성형 같은 사치재에 돈을 펑펑 씁니다. 하지만 불경기에는 사람들이 필수품에만 시선을 두게 되지요. 최근 몇 년 동안 미용 성형의 수요가 늘어나는 추세이긴 하지만, 2007년부터는 전 세계적인 경기 침체가 미용 성형 시장에도 영향을 미치고 있습니다. 그래서 미용 성형 예약을 취소하거나 뒤로 미루고, 주름 제

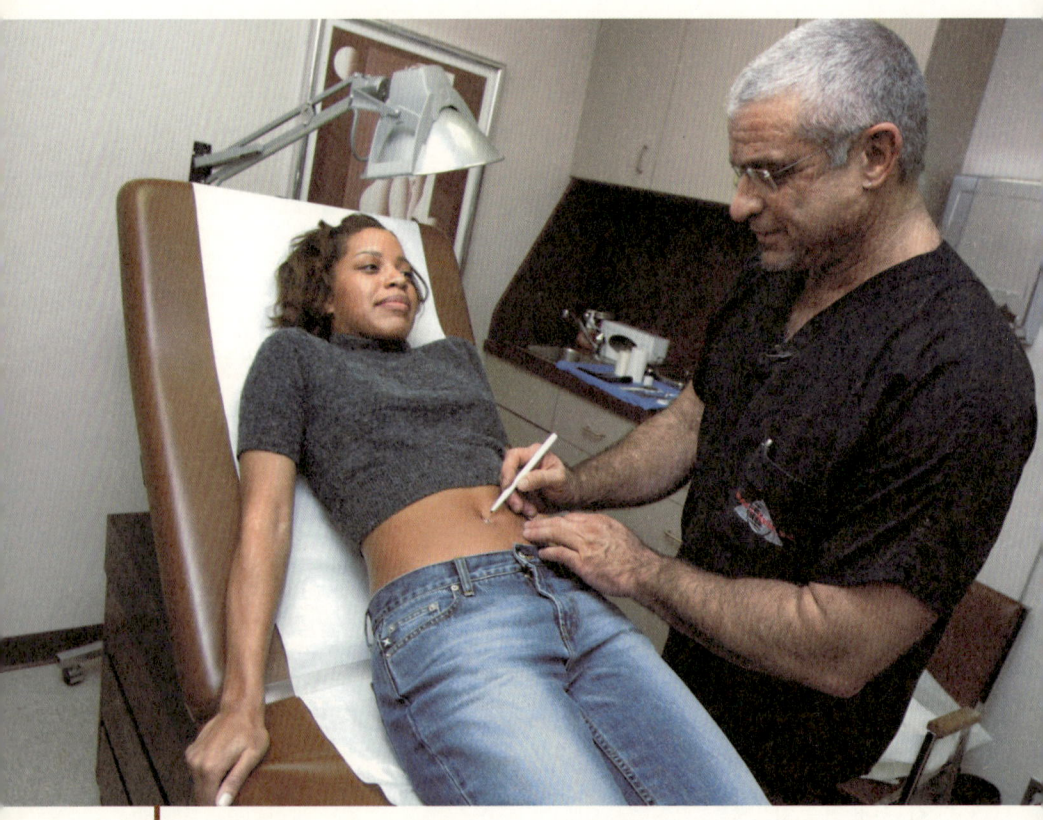

배가 드러나는 옷을 입으려는 젊은 여성들 사이에서 배꼽의 생김새를 고치는 수술이 인기를 끌고 있다. 2,500 달러(약 280만 원)만 내고 약 한 시간 동안 수술을 받으면 타고난 배꼽의 모양을 바꿀 수 있다.

거 수술이나 코 수술 같은 큰 수술을 보톡스 주사 같은 저렴한 시술로 변경하는 사람도 많아졌습니다.

미용 성형에 대한 규제

소비자의 권리를 지키려는 소비자 단체들은 미용 성형에 대한 찬성

> **사례탐구** **고가의 미용 성형**
>
> 2007년, 로마라는 여성은 미용 성형을 하기 위해 은행에서 돈을 빌렸다. 로마는 코의 모양을 바꾸고 싶어 했다.
>
> "가족과 친구들은 제 코의 모양이 괜찮다고 말하지만, 저는 학교 다닐 때 코 때문에 놀림을 받았어요. 그러다가 유명 연예인들이 나오는 잡지에서 코 수술에 대한 글을 읽고 수술을 결심했죠. 수술비는 7,200달러였는데 결과는 아주 만족스럽답니다."
>
> 문제는 로마가 빌린 돈을 갚을 여력이 되지 않는다는 것이었다. 로마는 어린 딸을 혼자서 키우고 있고 정부 보조금이 유일한 수입이다. 처음 몇 달 동안은 빚을 갚을 수 있었지만, 그 후로는 불가능해져서 로마는 단지 코 모양을 바꾼 대신에 빚더미에 앉게 되었다.

또는 반대 의견이 어떻든 간에 소비자는 양질의 서비스를 받을 권리가 있다고 주장합니다.

즉, 시술을 받기 전에 적절한 건강 진단과 시술에 대한 충분한 설명이 있어야 하고 위생적인 장소에서 숙련되고 경험 있는 의사들이 안전하게 시술해야 하며, 의사는 적절한 사후 처방을 내리고 시술 후에 생긴 문제에 빠르게 대응해야 한다는 것이지요. 여기에 더해 미용 성형 업계는 사람들을 현혹하는 광고나 할인 전략을 사용하지 말아야 하며, 시술에 들어가는 비용 또한 알기 쉽게 설명해 주고 투명하게 청구해야 한다는 것이 이들의 주장입니다.

하지만 미용 성형 산업을 조사한 몇몇 소비자 단체는 충격적인 결과를 밝혀냈습니다. 한 예로 2007년 소비자 단체 구성원들이 고객으로 위장하고 영국의 주요 사설 병원 스무 군데를 조사한 결과, 기준에 미달하는 시술이 흔하게 행해진다는 사실이 드러났습니다. 미용 성형 협회장과 영국 성형외과 협회장 역시 나중에 이 점을 인정했습니다. 위반 사항 가운데에는 불법 광고, 강매 전략, 부적절한 상담 등이 있었습니다. 불필요하거나 환자가 바라지 않는데도 다른 수술을 더 받으라고 강요하는 병원도 있었습니다. 조사자들은 자격 없는 사람이 보톡스 주사를 놓는 현장도 잡아냈습니다. 규정에 따르면 의사, 치과 의사, 특별한 자

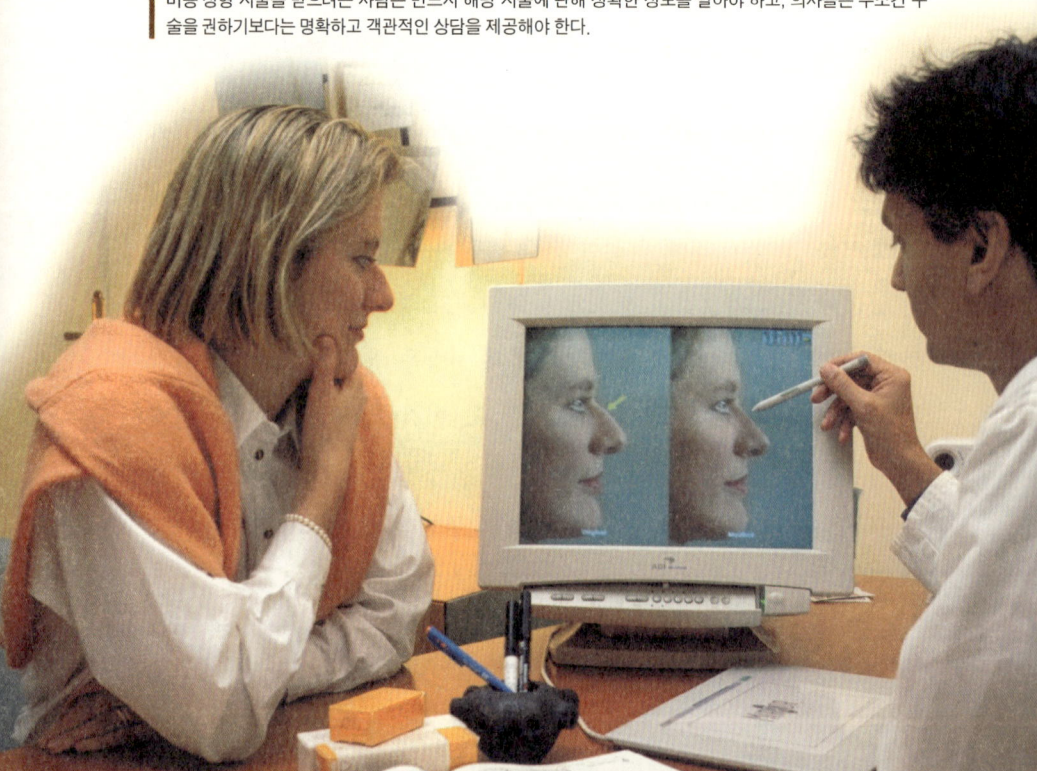

미용 성형 시술을 받으려는 사람은 반드시 해당 시술에 관해 정확한 정보를 알아야 하고, 의사들은 무조건 수술을 권하기보다는 명확하고 객관적인 상담을 제공해야 한다.

격을 갖춘 간호사만이 보톡스 주사 시술을 할 수 있습니다.

때로는 정부가 직접 나서기도 합니다. 2008년, 오스트레일리아 정부는 어리고 순진한 소비자를 대상으로 엉터리 수술을 하거나 비윤리적인 판매 전략을 펼치는 행위를 단속하기로 했습니다. 그 결과, 퀸스랜드 주 당국은 18세 이하 청소년을 대상으로 하는 미용 성형을 완전히 금지했고 다른 주들도 그 뒤를 따랐습니다.

전문의 자격이 없는 사람이 공공연하게 시술을 하는 것도 문제가 되었습니다. 2007년에 캐나다 온타리오 주에서 한 젊은 여성이 지방 흡입술을 받다가 사망하자, 온타리오 주의 대학 병원 의사들 가운데 16명을 조사했습니다. 그 결과, 이 의사들이 시설 의원에서 전문의 자격 없이 위험이 큰 수술을 해 왔다는 것이 드러났습니다. 이를 계기로 새롭게 발의된 법률을 살펴보면, '외과 의사'를 의학 교육 기관에서 외과 전문의 자격을 취득한 의사로 정의합니다. 이제는 의과대학 내부에서도 특정 약물, 장비를 선전하거나 다른 환자들의 추천서, '빠르고 놀라운 체중 감량' 같은 과장된 수식어로 광고하는 것을 금지한다는 방침을 정하고 교육하고 있습니다.

알아두기

한 해에 미국인 15만 명 이상이 자진하여 외국에 나가 수술을 받으며, 이들 중 상당수는 미용 성형 수술을 받는다.

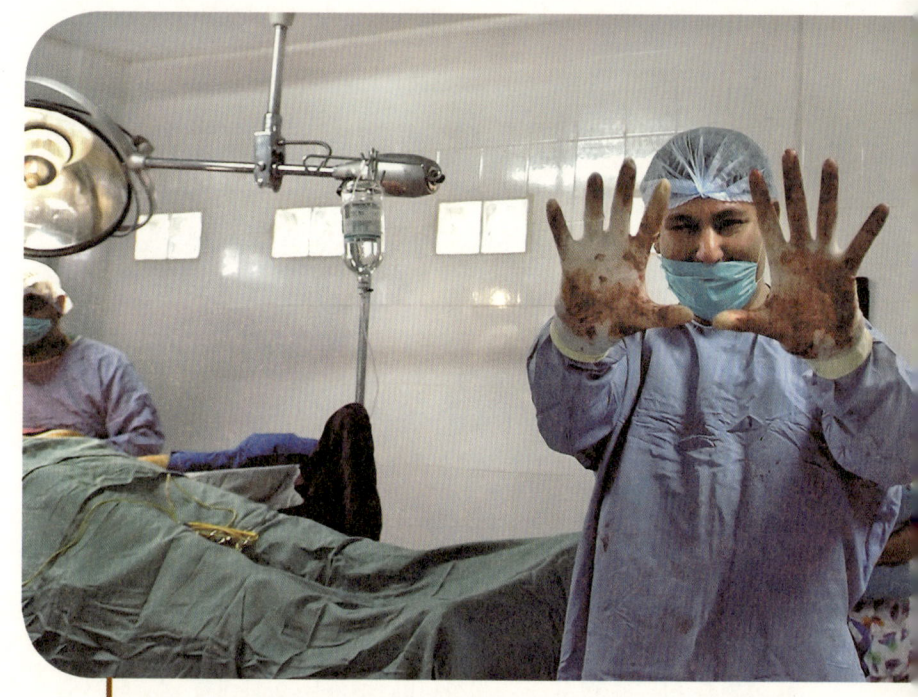
미국 국경과 가까운 멕시코 누에보라레도의 한 병원에서 의사가 환자를 수술하고 있다. 매년 수천 명이 미용 성형 시술을 받기 위해 텍사스 주의 국경을 넘어 멕시코로 들어간다. 시술 비용이 미국의 3분의 1에 불과하기 때문이다.

이러한 움직임은 환영할 만합니다. 비윤리적인 관행이 계속되면 시술의 안전성을 보장할 수 없고 소비자들이 피해를 보게 된다는 사실이 널리 공감을 얻었다는 뜻이니까요. 하지만 이러한 관행은 오랫동안 지속하여 왔기 때문에, 미용 성형을 반대하는 사람들은 업계의 자발적인 해결을 기대하기보다는 정부가 더욱 강력하게 규제를 해야 한다고 주장합니다.

국제적인 산업

오늘날 미용 성형은 국제적인 산업이 되었으며, 늘어나는 수요에 발맞추어 이제는 어느 국가에서도 성형 시술을 쉽게 받을 수 있게 되었습니다. 성형은 이제 세계 곳곳에서 인기입니다. 사우디아라비아 여성들은 집 밖으로 외출할 때면 온몸을 천으로 감싸야 하지만, 그럼에도 미용 성형의 열렬한 고객층입니다. 중국에서는 경제가 발달하고 여성의 아름다움에 관심이 높아지면서 도시의 젊은 여성들은 서양인처럼 보이고 싶어 합니다. 특히 쌍꺼풀 수술이 인기입니다. 또 브라질에서는 엉덩이를 크게 하는 수술이 인기가 아주 많은데, 이 나라에서는 여성의 몸에서 엉덩이를 가장 매력 있는 부위로 여기기 때문입니다.

성형 시술을 받으러 외국으로 여행을 가는 성형 관광도 유행을 타고 있습니다. 주로 경제적인 이유 때문입니다. 특히 개발도상국 중에는 병원 시설이 잘 되어 있으면서도 훨씬 저렴하게 시술을 받을 수 있는 나라도 있습니다. 또 너무 위험하다는 이유로 자국의 의사들이 거부한 시술을 받으려고 외국으로 나가는 사람들도 있습니다. 주로 휴가 기간에 바닷가에 있는 휴양 시설이나 리조트에 머물며 이런 시술을 받습니다.

알아두기

일본과 중국에서는 얼굴 성형이 대중적인데, 특히 얼굴을 서구인처럼 변화시키는 수술이 인기가 좋다. 여기에는 눈을 둥그스름하게 하고 광대뼈를 드러나지 않게 만드는 시술이 포함된다.

미국이나 캐나다 사람들은 시술을 받기 위해 멕시코나 카리브 해 주변의 국가들을 찾습니다. 그리고 오스트레일리아 사람들은 주로 동남아시아로 향합니다. 서유럽 사람들은 시술 가격이 저렴한 동유럽 또는 아시아로 갑니다. 이들 대부분은 같은 시술을 받았던 주변 사람이나 자국 의사들의 추천을 받고 다른 나라를 찾습니다. 추천해 주는 사람은 외국의 병원과 연결되어 있기도 합니다. 하지만 무엇보다 미용 성형 시장이 이렇듯 크게 성장한 것은 인터넷의 발달로 시장이 국제적인 범위로 확대되었기 때문입니다. 마우스 클릭 몇 번만으로 성형 시술에 관심

남아프리카에서는 '외과 의사와 함께하는 사파리' 휴가가 인기를 얻고 있다. 미용 성형 시술과 야생 사파리 투어를 묶어서 상품으로 만든 것이다.

있는 사람들이 전 세계 수백 군데가 넘는 병원에 대한 정보를 찾아볼 수 있습니다.

이처럼 시장이 거대해지자, 선택의 폭이 한층 넓어지고 가격 또한 저렴해져서 미용 성형을 원하는 많은 사람이 시술을 받을 수 있게 되었습니다. 성형 수술 관광이 해당 국가의 관광 산업을 뒷받침해 주며 그 국가의 의료 시설 개선에도 도움이 된다는 긍정적인 의견도 있습니다. 대개 외국인 고객은 같은 시술에 대해 자국민보다 높은 비용을 내기 때문

함께 토론해 봅시다!

"예전에는 부유하고 사회적 지위도 높은 사람들이 주로 미용 성형을 했다. 수술 후에 회복을 위해 해안가에 있는 자기 별장에서 일주일쯤 머물 수 있을 정도의 재력이 있는 사람들이었다. 하지만 요즘에는 내 환자 가운데 그런 사람들은 15~20퍼센트에 지나지 않는다. 나머지는 돈을 조금씩 아껴 자기 외모에서 고민되는 부분을 개선하면 자신감을 얻을 수 있다고 생각하는 보통 사람이다."

— 세라 보이스(미국 앨라배마 대학교 피부과 박사)

"'당신은 이런 시술이 필요 없다'고 이야기하는 성형외과 의사는 많지 않다. 일단 성형외과 문을 열고 들어가면, 시술을 권유하는 말만 듣게 될 뿐이다."

— 다이애나 주커먼(여성과 가족을 위한 정책 연구 센터)

여러분의 생각은 어떤가요?

입니다.

　반면 미용 성형 원정을 오는 외국인들이 해당 국가 의료 체계의 인력이나 설비를 자국민 대신 독식해 버릴 수 있다고 우려하기도 합니다. 가난한 국가에서는 의료 시설이나 인력이 부족해 자국민들도 혜택을 골고루 받지 못하기 때문이지요. 또 여러 국가에서 미용 성형이 규제 없이 무분별하게 이루어지는 경우가 많다는 지적도 있습니다. 게다가 외국인 환자는 그 나라 말을 하지 못하기 때문에 의사와 환자의 소통에 한계가 있습니다. 이뿐만 아니라 설령 수술이 잘 끝났다고 해도 환자가 귀국하자마자 부작용이 나타날 수도 있습니다. 그 결과 외국에서 받은 수술로 생긴 부작용이나 감염의 치료비를 국민의 세금이 바탕이 되는 본국의 공공 의료 서비스가 부담해야 하는 경우가 생깁니다.

간추려 보기

- 전 세계적으로 수요가 늘면서 미용 성형은 아주 수익성 좋은 산업이 되었다. 그러다 보니 일부 병원에서는 비윤리적인 편법을 쓰며 자격 없는 의사들을 고용한다.
- 소비자 단체들은 미용 성형 업계가 더욱 규제를 받아야 한다고 주장하며, 정부는 새로운 단속 규정을 도입하고 있다.
- 미용 성형은 오늘날 국제적인 현상이 되어 많은 사람이 좀 더 저렴한 비용으로 시술을 받기 위해 외국으로 떠난다.

CHAPTER 7

사회와 미용 성형

미용 성형은 모두 부유한 국가에서 발전했습니다. 경제적으로 넉넉한 나라의 사람들은 불필요한 미용 시술에 높은 비용을 흔쾌히 치르지만, 가난한 나라에서는 아이들이 구순 구개열 수술 같은 기본적인 치료도 충분히 받지 못하고 있습니다.

미용 성형은 사회 전체적으로 이로울까요? 여기에는 확실한 답을 하기가 어렵습니다. 궁극적으로 그 답은 개인적인 선택을 할 때 어떤 가치 기준에 맞추어 행동할 것인지에 달려 있습니다. 그것을 사회라는 더 전체적인 관점에서 비교해 보아야 합니다. 그러려면 자원과 관련된 경제적인 이론들과 그 각각의 이론이 나이 들어가는 것과 아름다움에 대한 사람들의 태도에 어떤 영향을 미치는지를 고려해야 합니다.

사회가 감당하는 비용

성형 수술의 급속한 발전이 개인과 사회에 큰 이득을 가져다준 것은 분명한 사실입니다. 과거에는 먹고 마시는 기본적인 활동이 어려운 구순 구개열 같은 장애를 평생 안고 살아가야 했던 사람들이 수술을 통해 나아질 수 있게 되었습니다. 팔다리가 정상 아동보다 많게 태어나는 등 중대한 기형이 있는 락슈미 같은(9페이지를 보세요.) 아이들도 이제는 고통 없이 살아갈 수 있게 되었습니다. 암으로 유방을 잃은 여성들은 유

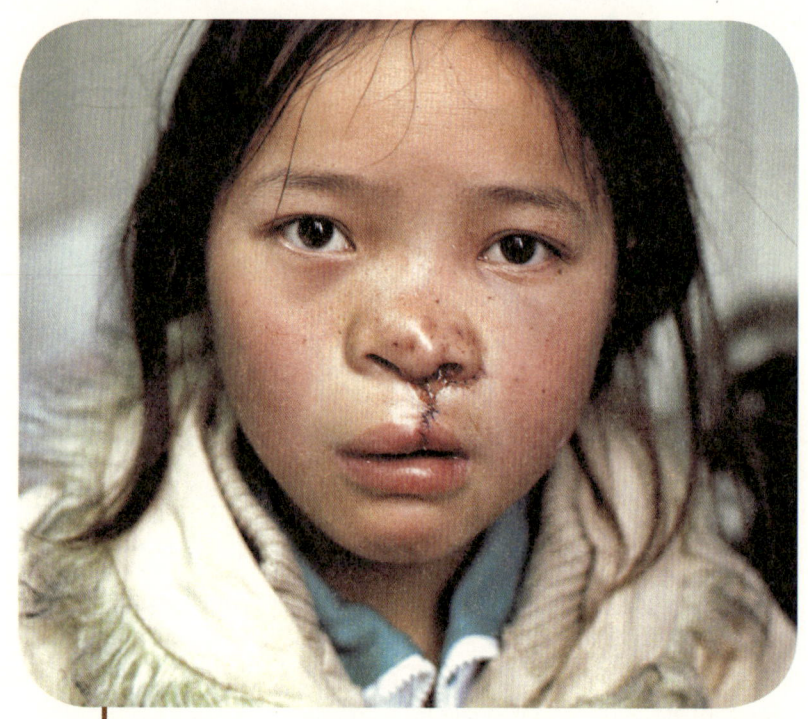

구순 구개열을 교정하는 치료를 받고 회복 중인 11세 중국 소녀는 더 밝은 미래를 바라볼 수 있게 되었다.

방 재건 수술을 받습니다. 화상 환자들은 피부 이식을 받아 다치고 변형된 피부를 되돌릴 수 있게 되었습니다.

   초기에 성형 수술은 의료상의 목적으로 발전했지만, 그에 따라 미용을 위한 성형도 자연히 성장하게 되었습니다. 만약 사고나 전쟁으로 다친 사람들의 인생을 성형으로 복구해 줄 수 있다면, 그 지식을 이용해서 외모를 개선하거나 바꾸고 싶어 하는 사람들을 도와줄 수도 있을 것입니다. 찬성론자들은 모든 사람이 미용 성형을 바라지는 않는다는 사실

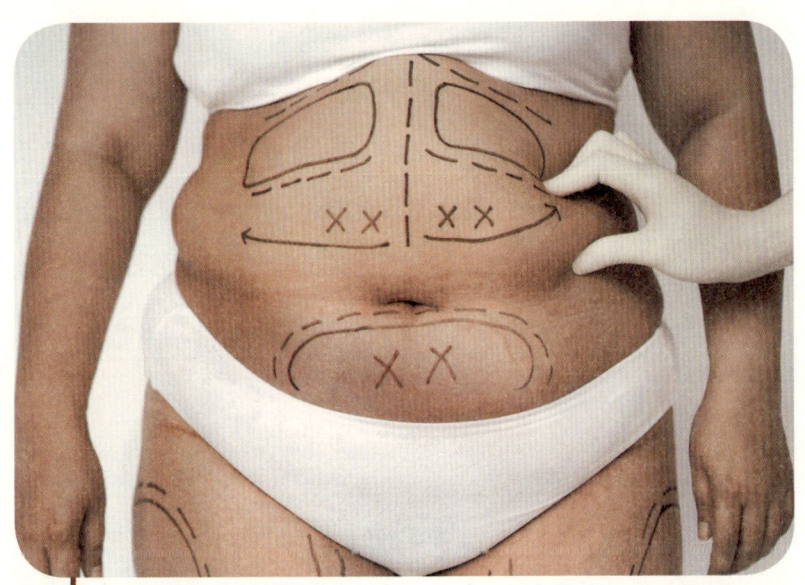

이 환자는 몸에서 여분의 피부와 지방을 제거하는 대수술을 받을 예정으로, 그 자리마다 표시가 되어 있다.

을 인정하지만, 미용 성형은 개인적인 선택의 문제로 보아야 한다고 주장합니다. 오늘날에는 비용이 낮아지면서 더 많은 사람이 미용 성형을 할 수 있게 되었습니다. 미용 성형을 선택한 사람 대부분은 성형이 앞으로의 건강과 행복에 중요하다고 느낍니다. 미용 성형이 외모를 개선했을 뿐 아니라 자신감과 자아 존중감을 높여서 결과적으로 인생을 크게 바꾸었다는 것이지요.

그러나 미용 성형 반대론자들은 미용 성형이 사회 불공평의 상징이며, 반드시 필요한 성형 수술이나 다른 의료 부문에 쓰여야 할 귀중한 자원과 기술을 사용하지 못하게 낭비한다고 주장합니다. 성형 수술과 미용 성형은 모두 부유한 국가에서 발전했습니다. 경제적으로 넉넉한 나라의 사람들은 불필요한 미용 시술에 높은 비용을 흔쾌히 치르지만, 가난한 나라에서는 아이들이 구순 구개열 수술 같은 기본적인 치료도 충분히 받지 못하고 있습니다. 부유한 나라 안에서도 미용 성형을 제공하는 사설 병원과 기본적인 치료 정도만 제공하는 국립 병원 간에는 큰 격차가 있습니다. 그리고 사설 의원에서 시술을 받다가 생긴 부작용이나 각종 신체적, 심리적 문제들을 감당해야 하는 건 결국 공공 의료 시스템이지요.

더 나은 사회가 될까?

미용 성형 찬성론자들은 성형이 개인적인 선택의 문제이므로 개인의 자발성과 통제력을 높여 준다고 주장합니다. 사람들은 이제 타고났거나 나이를 먹으면서 얻게 된 불만스러운 외모를 참고 견디며 살지 않아도 됩니다. 사람들은 미용 성형으로 얼굴을 더 매력적으로 변화시키고 몸매를 다듬을 수 있어요. 이렇게 신체 특징을 변화시킴으로써 실제로 삶을 더 나아지게 할 수 있습니다. 예를 들어, 더 나은 직업을 찾거나 새로운 친구를 사귀며 인생에 대한 더 강한 동기를 얻을 수 있습니다.

알아두기

2007년에 미국에서 전문의 자격증을 얻으려는 의대생들에게 인기 있는 과는 성형외과, 피부과, 이비인후과였다. 이 과들은 사회에 진출했을 때 돈을 많이 벌 수 있다고 알려진 대표적인 전공이다.

우리가 사는 사회는 여러 가지 열망으로 가득 차 있으며, 미용 성형의 성장은 그러한 열망들을 반영합니다.

반대론자들은 사회가 열망에 찬 개인들을 존중하기보다는 지나친 경쟁을 부추기고 사람들을 체제 순응적으로 만든다고 말합니다. 미용 성형은 사람들에게 더 나은 선택의 기회를 제공하는 것이 아니라 결코 충족될 수 없는 욕망을 자극합니다. 사람들의 얼굴과 몸의 생김새, 크기가 다양하다는 사실을 무시한 채 최신 유행에 맞춘 외모만을 목표로 삼기 때문이지요. 최근 유행하는 외모

이 여성은 2004년 12월 중국 베이징에서 열린 성형 미인 선발 대회의 결승 진출자이다. 이 대회는 미용 성형을 받은 17세에서 62세까지의 여성들에게 참가 자격을 부여한다. 미용 성형은 오늘날 중국의 젊은 여성들에게서 인기를 끌고 있다. 미용을 위한 이유뿐만이 아니라 아름다운 얼굴이 보수가 좋은 일자리를 구하는 데 도움이 된다고 믿기 때문이다.

에는 끝이 살짝 들린 코, 둥글고 도드라진 가슴, 납작한 배, 안쪽으로 들어간 배꼽 등이 있으며, 사람들은 유행에 맞춰 성형하기 위해서 빚을 지기도 합니다. 결국 사람들은 제 나이대로 보이려 하지 않고, 불완전함을 참지 못하며, 서로 개성을 깎아내리고, '못생긴' 사람들을 피하거나

함께 토론해 봅시다!

"오늘날 소비자들은 힘들게 일해 번 돈을 어디에 쓸지 결정할 권리가 있다. 새로운 주방 도구를 사는 데 쓸 수도 있고, 섬에서 휴가를 보내는 데 쓸 수도 있으며, 10년 정도의 세월을 되돌려 젊어지기 위해 얼굴을 집고 베어내고 잡아당길 수도 있다."

— 더크 라자루스(남아프리카 케이프타운 대학교 교수)

"시간은 언제나 그렇듯이 같은 속도로 흐른다. 미용 성형이 실제로 노화를 막거나 늦추는 것은 아니다. 단지 시간을 잠깐 되돌려 놓을 수 있을 뿐이다."

—호르게 데 라 토레(앨라배마 대학교 성형외과 센터)

여러분의 생각은 어떤가요?

비웃게 되었습니다.

행복에 이르는 길?

미용 성형은 사람들을 더 행복하게 할까요? 성형이 개인적 차원에서 도움을 주는 측면도 분명히 있습니다. 미용 성형은 개인의 자신감과 자아 존중감을 높여 어떤 사람의 신체적, 정신적 건강 및 가족, 친구, 동료와의 관계도 나아지게 합니다. 하지만 미용 성형에 무조건 의존하는 것은 옳지 않아요. 행복의 정도를 측정하기란 어려우며, 행복하지 않은 사람이 미용 성형만으로 자신의 인생을 개선하기란 어렵고 비용도 많이 들기 때문입니다. 미용 성형을 당연하게 생각하는 사회에서는 사람들이 있는 그대로의 가치를 인정받지 못하고, 단지 외모가 어떻게 생겼는지에 따라 가치가 매겨집니다. 이런 사회에서 진정한 행복을 찾기란 어려운 일입니다.

미용 성형의 범위나 영향력을 과대평가해서도 안 됩니다. 미용 성형이 전 세계적으로 성장하고 있긴 하지만, 부유한 국가에서도 성형을 받으려는 사람은 소수에 불과합니다. 빈곤에 시달리는 사람들에게 미용 성형은 사치에 불과합니다. 그러나 피부를 절개하는 수술이 아닌, 저렴하고 부담이 적은 보톡스 주사 등 간단한 시술을 받으려는 사람은 점점 증가할 것입니다. 외모를 완전히 변화시키는 대수술을 몇 번씩이나 감당할 수 있는 사람은 많지 않으니까요. 궁극적으로 미용 성형이 자신에게 적절한 선택일지 결정하는 것은 개인의 판단에 달렸습니다.

간추려 보기

- 찬성론자들은 사회가 미용 성형으로 많은 이득을 보고 있다고 주장하지만, 반대론자들은 미용 성형이 귀중한 자원의 낭비라고 말한다.
- 찬성론자들은 미용 성형이 개인의 선택과 자유를 지지한다고 주장한다.
- 반대론자들은 미용 성형이 체제 순응적이고 편협한 사회를 만든다고 주장한다.

용어 설명

공공 의료 기관 정부가 대중을 위해 소유하고 운영하는 의료 시설. 대개 사용료가 없거나 저렴하다.

구순 구개열 아기가 입이나 입술, 또는 입과 입술 양쪽이 모두 갈라진 채 태어나는 선천적 장애로, 어릴 때 수술을 하면 고칠 수 있다.

규제 어떤 산업이나 업무를 관리하는 법칙. 대개 정부 기관이나 동업 조합에 의해 만들어진다.

레이저 요법 레이저 광선을 사용해서 피부의 바깥층을 제거하는 것.

마취 외과나 치과 수술을 위해 약물을 이용하여 얼마 동안 의식이나 감각을 잃게 하는 것.

미용 성형 '정상적'인 범위에 속하는 외모, 피부색, 피부 결, 조직, 자세 같은 신체적 특징을 수술적 처치로 개선 또는 변화시키는 것.

보형물 피부밑에 집어넣거나 이식해서 특정 부위를 크게 하고 모양을 개선하는 데 쓰인다. 가슴이나 엉덩이 보형물로는 식염수로 채워진 실리콘 주머니가 주로 사용된다.

성형 수술 피부 이식과 생김새를 변화시키는 등의 수술을 통해 병들거나 손상된 얼굴과 몸을 재건, 교체하고 보수하는 수술의 한 종류.

신체 이형 장애(BDD) 자신의 외모에 결점이 있다는 생각에 집착하는 정신적 장애의 한 종류.

실리콘 튼튼한 플라스틱의 한 종류로, 과거에는 가슴 보형물 속을 채우는 재료로 사용되었다.

심리적 마음과 관련된 것을 말한다. 예컨대 심리적인 질환이란 신체적인 이유가 아니라 어떤 사람이 무언가를 생각하거나 느끼는 방식 때문에 일어나는 질환이다.

원칙 어떤 행동의 지침으로 사용되는 기준이나 주의.

자아 존중감 자신이 사랑받을 만한 가치가 있는 소중한 존재이고 어떤 성과를 이루어 낼 만한 유능한 사람이라고 믿는 마음.

재건 미용상의 변화나 겉모습만 고치는 것과는 달리 깊은 부분까지 다시 만들고 보수하는 것.

착취 이기적으로 어떤 사람을 희생시켜서 이윤을 만들어 내는 것.

치료 요법 절개를 하지 않는 처치를 말하며, 대개 정신적이거나 감정적인 질환 혹은 장애를 치료하기 위해 사용된다. 치료사와 단둘이서 이야기를 나누거나 비슷한 문제가 있는 사람들과 만나는 방법을 사용한다.

콜라겐 사람의 몸속에서 발견되는 단백질로, 화상을 입은 환자의 치료나 미용 성형 과정에서 쓰이는 경우가 많다.

화학 박피술 피부를 매끄럽게 하고 주근깨, 기미, 색소 침착을 없애기 위해 화학 물질로 피부의 바깥층을 제거하는 시술.

히포크라테스 선서 의사들이 환자를 대할 때의 원칙을 규정한 고대 그리스의 윤리 조항. 현대의 의료 윤리에 영향을 주었다.

연표

1846년	미국 보스턴 주 매사추세츠에서 에테르를 사용한 수술이 최초로 대중에게 공개되었다. 뒤이어 수술에 사용되는 새로운 마취 기술이 미국과 유럽에 빠르게 도입되었다.
1914년 이후	전쟁에서 부상당한 군인과 희생자들에게 도움을 주는 재건 성형 수술이 발전하기 시작했다.
1940년 이후	전쟁에서 부상당한 군인, 희생자를 위한 재건 성형 수술이 더욱 발전해서 피부 이식술도 가능해졌다.
1960년대	미국에서 실리콘을 채운 가슴 보형물이 도입되었다.
1992년	미국식품의약국은 실리콘이 채워진 가슴 보형물의 판매와 사용을 금지했다. 이후 전 세계의 다른 여러 국가에서도 미국을 따라 실리콘이 들어간 보형물을 금지하기에 이르렀다.
1994년	실리콘이 채워진 가슴 보형물의 주요 생산처 세 곳이 실리콘 보형물로 말미암아 질병에 걸린 여성들에게 총 370만 달러(약 41억 5500만 원)를 지급하기로 동의했다.
1997년	미국에서 200만 건이 넘는 미용 성형 시술이 시행되었다.

2002년 미국에서 700만 건에 달하는 미용 성형 시술이 시행되었다.

2005년 영국의 의료전문가위원회는 최고 의료 책임자에게 제출한 보고서에서 자국의 미용 산업에 대해 규제를 강화해 달라고 요청했다.

2006년 미국에서 1100만 건에 달하는 미용 성형 시술이 시행되었다.

2007년 미국에서 1170만 건이 넘는 미용 성형 시술이 시행되었다. 여기에 들어간 총비용은 132억 달러(약 14조 8236억 원)이다.

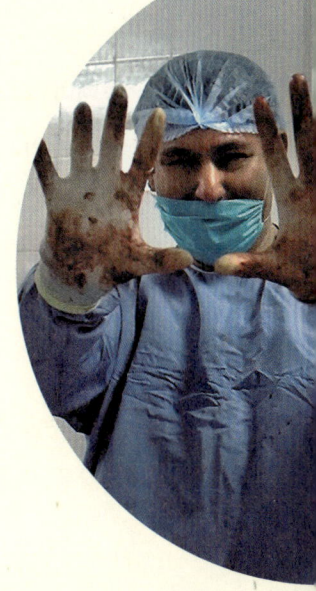

더 알아보기

국내 홈페이지

대한미용성형외과학회 http://www.ksaps.or.kr

1,700여 명의 성형외과 전문의가 가입되어 활동하는 학회 홈페이지로, 미용 성형 지식을 전달하고 비전문의에 의한 문제가 일어나지 않도록 홍보 활동을 펼치고 있다. 선천성 안면 기형 환자를 무료로 시술해주는 의료 봉사도 진행된다.

코리아헬스로그 http://www.koreahealthlog.com

의사들이 직접 만드는 의학 정보 사이트로 유네스코UNESCO한국위원회에서 2009년 디지털유산 어워드를 수상하기도 했다. 100여 명의 의사와 건강 관련 전문가들이 참여해 알기 쉬운 건강정보를 제공하고 있으며, 미용 성형에 대한 정보를 검색해 볼 수 있다.

성형 수술 반대 캠페인 http://www.againstps.com

화장품 브랜드 투쿨포스쿨에서 진행하고 있는 성형 수술 반대 캠페인 'against plastic surgery'의 홈페이지. 무분별한 성형에 문제를 제기하고 개성을 자신 있게 드러내는 것이 바로 진정한 아름다움이라고 주장한다. 미용 성형의 폐해를 꼬집는 다양한 동영상과 기사 자료, 의견 게시판을 둘러볼 수 있다.

외국 홈페이지

체인징 페이스 www.changingfaces.org.uk
영국의 자선단체 '체인징페이스Changing Faces'의 홈페이지. 얼굴에 난 흉터나 자국 등 안면 장애로 고통받는 사람과 가족을 위한 조언을 해주며, 실질적인 성형 수술 상담과 정신 상담도 병행한다. 2009년에는 이 단체의 대표를 맡은 안면 장애인 제임스 패트리지가 일주일간 영국의 방송국 BBC의 뉴스를 진행해 화제가 되기도 하였다.

틴즈헬스 http://kidshealth.org/teen/your_body/beautiful/plastic_surgery.html
10대들에게 건강과 심리, 삶에 대한 조언이 담겨 있는 홈페이지로 성형 수술에 관한 내용도 접할 수 있다. 성형 수술이 무엇이며 청소년들이 왜 성형 수술을 받고자 하는지, 그것이 과연 올바른 선택인지 생각해 볼 거리를 제공한다.

찾아보기

ㄱ
가슴 성형 9~10, 52
감정적인 문제 63, 67
개성 26, 46, 50, 105
건강 17, 21, 23, 29~30, 50, 55, 62, 88, 91, 103, 106
광고 73~75, 84, 91~93
구순 구개열 19, 101~102, 104
국제미용성형외과의사회 32
군인 19~20
귀 성형 22
규제 15, 25, 33, 37, 73, 75, 84, 90, 94, 98
극단적인 미용 성형 67

ㄴ
나이 차별주의 55
노화 47, 49~50, 106
눈주름 제거술 51

ㄷ
데미 무어 54~55

ㄹ
락슈미 21~22, 101
레이저 요법 16

ㅁ
마야 문명 43
마이클 잭슨 77
마이클 펠프스 9
마취 15~16, 18~19, 34, 38
메조테라피 36
멕시코 94, 96
모델 17, 47~48, 67, 73~74
모발 이식 51
문신 16, 43, 89
미국 18, 25, 32~35, 39, 49, 52, 69, 79, 84, 93~94, 96~97, 104
미국식품의약국(FDA) 32, 39

ㅂ
배우 17, 24, 47, 54~55, 60~61, 67
보톡스 16, 18, 22, 37~40, 47, 50, 55, 76, 79, 82, 90, 92~93, 107
보형물 22, 32~35, 40, 53, 55, 64, 66
부작용 39, 50, 89, 98, 104
브라질 25, 35, 67, 95
비용 23~26, 38~39, 68~69, 74~75, 89, 91, 94, 97~98, 101, 103~104, 107
빔보 8~11

ㅅ
사설 병원 87~88, 92, 104
사전 동의 30
상담 63, 65, 83, 92
상처 9, 22, 50, 53, 79, 84
성형 수술 9, 15, 19~20, 23, 26, 43, 45, 52~54, 67~68,

78~79, 81, 87, 93, 97, 101~103, 112
성형외과 32, 35~36, 49, 59, 64, 66, 69, 76, 79, 81, 87~88, 92, 97, 104, 106
스테파니 쿨레바 34
신체 이형 장애 69~70
실비오 베를루스코니 51
실리콘 32~33, 35, 40, 64

ㅇ
아랍 국가 25
아름다움 43, 46~47, 73, 95, 101
안젤라 비즈마르시 67
어린이 80
언론 33, 51, 78, 81
역할 모델 10
영국 9, 15, 18, 33, 37, 52, 66, 73~74, 81, 92
《예쁜 우리 엄마》 79~80
오스트레일리아 25, 74, 93, 96
위험 18~19, 21, 23, 30, 32~33, 40, 46, 88, 93, 95
유명인 8, 39, 47, 51, 55, 67, 78, 80
의료 윤리 29~31, 40, 87
이마를 볼록하게 하는 수술 55, 82
인도 21
인터넷 9, 15, 73, 75~77, 84, 96
일본 25, 33, 67, 95

ㅈ
자아 존중감 59~60, 62, 70, 78, 103, 106
잡지 11, 15, 24, 50, 52, 73, 79~80, 91
재건 20~21, 37, 66, 102
전문의 자격증 37, 104
전족 45~46
절개 16, 18, 22, 26, 59, 107
젊은이 39, 52, 54
제모 18
조슬린 와일든스타인 68
조앤 리버스 24, 48
주름 17~18, 22, 37~39, 47, 49~50, 55, 65, 78, 90
주름 제거 수술(안면 거상술) 9, 17, 22, 47, 50, 65, 78, 90
중국 25, 45~46, 53, 95, 102, 105
지방 흡입술 16, 22, 47, 89, 93

ㅊ
체중 19, 93
출산 62, 79
치과 16, 55, 81, 92
치아 임플란트 82

ㅋ

캐나다 25, 33, 93, 96
케이트 윈슬렛 24, 61
코 성형 22, 52
콜라겐 주사 17, 37, 55

ㅌ

터미 턱 47, 62, 79~80
텔레비전 8, 15, 24, 51, 66, 73, 75, 79, 81, 82~84

ㅍ

파다웅 족 44~45
파멜라 앤더슨 17
프랑스 9, 33
피부과 49, 76, 81, 97, 104
피부 이식 102
피어싱 16, 89
피트 번스 66

ㅎ

행복 10, 25, 30, 59, 60, 62, 65, 103, 106~107
화학 박피술 22, 55, 82
회복 18, 23, 97, 102
히포크라테스 선서 29~31

내인생의책은 한 권의 책을 만들 때마다
우리 아이들이 나중에 자라 이 책이 '내 인생의 책'이라고 말할 수 있는 책을 만들고자 합니다.

세상에 대하여 우리가 더 잘 알아야 할 교양

⑩ 성형 수술, 외모지상주의의 끝은? (원제: Cosmetic Surgery)

케이 스티어만 글 | 김아림 옮김 | 황상민 감수

초판 발행일 2012년 5월 3일 | 제3쇄 발행일 2014년 9월 25일
펴낸이 조기룡 | 펴낸곳 내인생의책 | 등록번호 제10-2315호
주소 서울시 강서구 가양동 52-7 강서한강자이타워 A동 306호
전화 (02)335-0449, 335-0445(편집) | 팩스 (02)6499-1165
전자우편 bookinmylife@naver.com | 카페 http://cafe.naver.com/thebookinmylife
책임편집 오혜림 | 편집 김지연 손유진 박소란 유정진 강길주 | 마케팅 신 현 | 디자인 이선영

이 책의 한국어판 저작권은 Imprima Korea Agency를 통해
Hodder and Stoughton Limited와의 독점 계약으로 **내인생의책**에 있습니다.
저작권법에 의해 한국 내에서 보호를 받는 저작물이므로
무단전재와 무단복제를 금합니다.
ISBN 978-89-91813-61-8 44300
ISBN 978-89-91813-19-9 44300(세트)

Cosmetic Surgery
Copyright ⓒ 2009
Published by arrangement with Hodder and Stoughton Limited
on behalf of Wayland, a division of Hachette Children's Books
All rights reserved.

Korean Translation Copyright ⓒ 2012 by TheBookInMyLife Publishing Co
Korean edition is published by arrangement with Hodder and Stoughton Limited
through Imprima Korea Agency

책값은 뒤표지에 있습니다.
잘못된 책은 구입처에서 바꾸어 드립니다.

이 도서의 국립중앙도서관 출판시도서목록(CIP)은 e-CIP 홈페이지(http://www.nl.go.kr/ecip)에서 이용하실 수 있습니다. (CIP제어번호: CIP2012001824)

> 책은 나무를 베어 만든 종이로 만듭니다.
> 그래서 원고는 나무의 생명과 맞바꿀 만한 가치가 있어야 합니다.
> 그림책이든 문학, 비문학이든 원고 형식은 가리지 않습니다.
> 여러분의 소중한 원고를 bookinmylife@naver.com으로 보내주시면
> 정성을 다해 좋은 책으로 만들겠습니다.

글로벌 시사 교양 시리즈

세상에 대하여 우리가 더 잘 알아야 할 교양

전국사회교사모임 선생님들이 번역한 신개념 아동·청소년 인문교양서!

세더잘 시리즈 09
세상에 대하여 우리가 더 잘 알아야 할 교양

자연재해 인간과 자연이 공존하는 길은?

안토니 메이슨 글 | 선세갑 옮김

자연재해에 관한 사회·과학 통합서

'자연 대 인간'에서 '자연과 인간'으로!
세계적으로 자연재해가 급증하고 피해 규모도 커지고 있습니다. 이 책은 자연재해의 유형과 원인을 과학 원리로 설명하고, 피해자 구조나 복구 과정, 방재 대책 등에 관해 체계적으로 살펴봅니다. 또한 자연재해의 이면에 숨어 있는 정치·경제적인 논의와 함께 인간의 무분별한 행태가 재해를 부추기는 면도 지적하며 인문학적인 성찰을 유도합니다.

세더잘 시리즈 01
세상에 대하여 우리가 더 잘 알아야 할 교양
공정무역, 왜 필요할까?
아드리안 쿠퍼 글 | 전국사회교사모임 옮김
박창순 한국공정무역연합 대표 감수

공정 무역 = 페어플레이
초콜릿과 축구공으로 보는 세계 경제의 진실

한국에서 처음 출간된 어린이 청소년을 위한 공정무역 안내서로, 공정무역을 포함한 무역과 시장 경제를 올바르게 이해하도록 돕습니다. 오늘날 기업은 생존과 발전을 위해서 사회적 책임을 다해야 하고, 따라서 공정무역에 관심을 가질 수밖에 없습니다. 우리 아이들이 미래의 리더가 되기 위해 꼭 알아야 할 공정무역에 관한 책입니다.

전국사회교사모임 추천도서
2010 문화체육관광부 우수교양도서 선정
2011 아침독서 추천도서

세더잘 시리즈 02
세상에 대하여 우리가 더 잘 알아야 할 교양
테러, 왜 일어날까?
헬렌 도노호 글 | 전국사회교사모임 옮김
구춘권 영남대 정치외교학과 교수 감수

평화로운 세상을 위해
더 잘 알아야 하는 불편한 진실, 테러

이 책은 '테러'에 대해 어떤 특정 사건과 집단 대신 '테러'라는 하나의 축으로 세계 갈등의 역사를 조망합니다. 나아가 평화로운 세상을 만들기 위해서 '테러'에 대해 잘 알아야 한다고 역설합니다.

전국사회교사모임 추천도서
2010 문화체육관광부 우수교양도서 선정
2011 4월 대교눈높이창의독서 선정

세더잘 시리즈 03
세상에 대하여 우리가 더 잘 알아야 할 교양
중국, 초강대국이 될까?
안토니 메이슨 글 | 전국사회교사모임 옮김
백승도 연세대 중어중문학 박사 감수

세계 초강대국으로 떠오르고 있는
중국 바로 알기

우리나라는 정치·경제적으로 중국과 더욱 긴밀한 관계를 맺고 있습니다. 가까운 미래에 중국의 영향력은 더 커질 것이기에 중국을 제대로 이해해야 합니다. 이 책은 객관적 시선으로 중국을 편견 없이 바라보도록 돕습니다.

전국사회교사모임 추천도서
2011 학교도서관저널 어린이 인문 추천도서

우리 아이들에게 편견에 둘러싸인 세계 흐름에서 벗어나 보다 더 적확한 정보와 지식을 제공하고자 〈세더잘 시리즈〉를 기획 출간합니다. 모두가 'A는 B라 믿는 사실이, 자세히 살펴보면 'A는 B만이 아니라, C나 D일 수도 있다.'는 것을 알려주어, 아이들이 또 다른 진실을 발견하도록 안내합니다. 이 시리즈는 앞으로도 인권, 군사 개입, 동물 실험, 유전 공학 등에 관한 주제로 25권까지 출간될 예정입니다.

세상에 대하여 우리가 더 잘 알아야 할 교양

세더잘 시리즈 08
세상에 대하여 우리가 더 잘 알아야 할 교양
미디어의 힘 견제해야 할까?
데이비드 애보트 글 | 이윤진 옮김 | 안광복 추천

미디어는 규제받아야 한다 vs 미디어는 자유로워야 한다
오늘날 제4의 권력이라고 불릴 정도로 강력해진 미디어의 힘에 대해 알아봅니다. 미디어를 지탱하는 언론 자유와 그 힘을 통제하려는 정부의 규제 사이에 벌어지는 논쟁에 대한 다양한 관점을 제시하고, 미래의 미디어가 나아가야 할 방향에 대해서 생각해보도록 돕습니다.

세더잘 시리즈 07
세상에 대하여 우리가 더 잘 알아야 할 교양
에너지 위기 어디까지 왔나?
이완 맥레쉬 글 | 박미용 옮김

**지구 온난화, 전쟁과 테러, 허리케인…
이 모든 것은 에너지 위기에서 비롯되었다!**

우리는 에너지 없는 세상에서 하루도 살 수 없습니다. 하지만 현재 속도로 에너지를 소비한다면 앞으로 40년 이내에 주에너지원인 석유가 고갈될 것입니다. 이 책은 에너지 위기가 불러올 정치, 사회, 경제, 환경의 변화를 알아보고, 무엇이 화석연료를 대신할 차세대 에너지원이 될지 꼼꼼히 따져봅니다.

 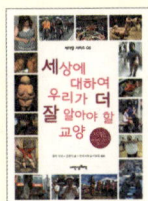 

세더잘 시리즈 04
세상에 대하여 우리가 더 잘 알아야 할 교양
이주, 왜 고국을 떠날까?
루스 윌슨 글 | 전국사회사모임 옮김
설동훈 전북대 사회학교 교수 감수

**지구촌 다문화 시대의
국제 이주 바로 알기**

오늘날 국제 사회와 다문화, 다민족 사회를 이해하기 위해 꼭 알아야 할 '이주'에 관한 책. 왜 사람들은 이주를 선택하거나 강요받는지에 대한 다양한 관점을 제시하고, 또 이에 대한 정부의 정책과 국제기구의 활동도 알려 줍니다.

전국사회교사모임 추천도서
2011 학교도서관저널 추천도서

세더잘 시리즈 05
세상에 대하여 우리가 더 잘 알아야 할 교양
비만, 왜 사회문제가 될까?
콜린 힌슨, 김종덕 글
전국사회교사모임 옮김

**왜 지구 한쪽에서는 굶어 죽는데,
다른 한쪽에서는 비만으로 죽는 걸까?**

이 책은 이러한 역설에서 출발합니다. 오늘 '비만'이 왜 사회 문제가 되었는지 역사적, 문화적 관점에서 살피고 선진국과 개발도상국에서 나타나는 비만 문제의 양상과 그 속에 숨은 식품산업의 어두운 그림자, 나아가 전 세계적 차원의 식량 문제로까지 사고의 범위를 넓혀 줍니다.

2011 보건복지부 우수건강도서 선정
2011 한국간행물윤리위원회 청소년 권장도서

세더잘 시리즈 06
세상에 대하여 우리가 더 잘 알아야 할 교양
자본주의, 왜 변할까?
데이비드 다우닝 글 | 김영배 옮김
전국사회교사모임 감수

**인류를 위한 가장
바람직한 자본주의의 변화상은 무엇인가?**

자본주의의 역사와 발전상에 대해 알아보면서 자본주의라는 경제 체제가 인류를 위해 어떻게 복무했는지, 문제가 발생하면 그때마다 인류에게 봉사하기 위해 어떤 모습으로 변신했는지에 대해 알아봅니다. 이를 통해 논쟁이 끊이지 않는 21세기의 자본주의가 어떻게 변해야 할지에 대해 생각해보도록 합니다.

2011 서울시교육청 추천도서